DES MANIÈRES DE TRAITER
SCIENTIFIQUEMENT
DU DROIT NATUREL

HEGEL À LA MÊME LIBRAIRIE
par Bernard BOURGEOIS

Concept Préliminaire de l'Encyclopédie des sciences philosophiques, introduction, traduction (allemand en vis-à-vis), commentaire et notes, 1994.

Encyclopédie des sciences philosophiques, I. *La science de la logique*, présentation, traduction et notes, 1970.

Encyclopédie des sciences philosophiques, II. Philosophie de la nature, présentation, traduction et notes, 2004.

Encyclopédie des sciences philosophiques, III. Philosophie de l'esprit, présentation, traduction et notes, 1988.

Encyclopédie des sciences philosophiques en abrégé, 2012.

Préface, Introduction de la Phénoménologie de l'esprit, traduction (allemand en vis-à-vis) et commentaire précédé de *Sens et intention de la Phénoménologie de l'esprit*, 1997.

Textes pédagogiques, présentation et traduction, 1978.

BIBLIOTHÈQUE DES TEXTES PHILOSOPHIQUES

Fondateur : Henri GOUHIER   Directeur : Jean-François COURTINE

HEGEL

DES MANIÈRES DE TRAITER
SCIENTIFIQUEMENT
DU DROIT NATUREL

de la place dans la philosophie pratique et de son rapport
aux sciences positives du droit

Traduction et notes
par
Bernard BOURGEOIS

PARIS
LIBRAIRIE PHILOSOPHIQUE J. VRIN
6, Place de la Sorbonne, V e

2014

© *Librairie Philosophique J. VRIN*, 1972, 1990

Imprimé en France

ISSN 0249-7972

ISBN 978-2-7116-0363-3

www.vrin.fr

À M. le Professeur Y. Belaval

AVANT-PROPOS DU TRADUCTEUR

L'article de Hegel dont nous proposons ici une traduction : *Des manières de traiter scientifiquement du droit naturel ; de sa place dans la philosophie pratique, et de son rapport aux sciences positives du droit* [1], est le dernier que Hegel publia, à Iéna, où il était arrivé en janvier 1801, dans le *Journal critique de la philosophie* [2]. Celui-ci avait été fondé par son ancien condisciple et ami Schelling, déjà fort célèbre, et par lui-même, qui ne s'était encore guère fait connaître du public cultivé que comme le second de Schelling, en défendant le point de vue de ce dernier contre le point de vue de Fichte dans le premier écrit publié par lui à Iéna : *Différence des systèmes fichtéen et schellingien de la philosophie* [3]. Ce *Journal critique de la philosophie*, qui se présentait comme l'œuvre commune des deux auteurs — leurs articles respectifs n'étant pas signés —, bien que la contribution de Hegel fût beaucoup plus importante, se composa de deux tomes, comprenant chacun trois cahiers dont la parution s'échelonna du début de l'année 1801 au milieu de l'année 1803 [4]. L'article sur

1. HEGEL, *Über die wissenschaftlichen Behandlungsarten des Naturrechts, seine Stelle in der praktischen Philosophie, und sein Verhältnis zu den positiven Rechtswissenschaften.*

2. SCHELLING-HEGEL, *Kritisches Journal der Philosophie*, Tübingen, Cotta'sche Buchhandlung, 1802-1803.

3. HEGEL, *Differenz des Fichte'schen und Schelling'schen Systems der Philosophie*, Iéna, 1801.

4. Voici la liste des principaux articles contenus dans le *Journal critique de la philosophie* :

Tome I :

Cahier 1 : — *Introduction. De l'essence de la critique philosophique en général, et de son rapport à l'état présent de la philosophie en particulier.* (HEGEL.)
— *De l'absolu Système de l'identité et de son rapport au tout récent dualisme (celui de Reinhold).* (SCHELLING.)

le droit naturel constitue le contenu du deuxième cahier du deuxième tome, paru en novembre - décembre 1802, et le début du troisième cahier de ce même tome, paru en mai - juin 1803. Hegel donna bien, à l'automne 1802, la totalité du manuscrit à l'éditeur Cotta, de Tübingen, mais celui-ci, pour équilibrer les cahiers du deuxième tome, réserva la fin de l'article de Hegel pour le dernier cahier de ce tome. La parution de la fin de l'article sur le droit naturel, contemporaine du départ de Schelling, marquait ainsi la fin de la collaboration de ceux qui avaient été jusqu'alors des amis, et dont les divergences philosophiques, d'abord dissimulées en partie par des similitudes de vocabulaire, allaient dorénavant se manifester de plus en plus. Hegel était désormais *le* philosophe de Iéna.

*
**

Le texte que nous traduisons est le texte de l'édition originale, tel qu'il a été réimprimé, avec celui des autres articles composant le *Journal critique de la philosophie*, dans l'édition de H. Buchner (SCHELLING - HEGEL, *Kritisches Journal der Philosophie*, éd. H. BUCHNER, Hildesheim, Georg Olms Verlagsbuchhandlung, 1967). C'est la pagination de cette édition qui est indiquée, en titre courant, dans notre traduction, et, dans le texte français de celle-ci, une petite barre verticale indique — d'une façon,

---

— *Comment le sens commun peut prendre la philosophie.* (HEGEL.)

Cahier 2 : — *Rapport du scepticisme à la philosophie. Exposé de ses diverses modifications, et comparaison du tout récent scepticisme avec l'ancien scepticisme.* (HEGEL.)
— *Rückert et Weiss, ou la philosophie pour laquelle il n'est besoin d'aucune pensée et d'aucun savoir.* (SCHELLING.)

Cahier 3 : — *Du rapport de la philosophie de la nature à la philosophie en général.* (Cet article, que Michelet, contre la revendication de Schelling, attribuait à Hegel dans la première édition des *Œuvres complètes* de celui-ci, en 1832, est aujourd'hui communément attribué à Schelling).
— *De la construction en philosophie.* (SCHELLING.)

Tome II :

Cahier 1 : — *Foi et savoir.* (HEGEL.)

Cahier 2 : — *Des manières de traiter scientifiquement du droit naturel ; de sa place dans la philosophie pratique, et de son rapport aux sciences positives du droit.* (HEGEL.)

Cahier 3 : — Fin de l'article précédent.
— *Sur Dante.* (SCHELLING.)

certes, approximative — le début de chaque page du texte allemand correspondant qui a été traduit.

L'article de Hegel sur le droit naturel a été réédité, au sein du *Journal critique de la philosophie*, dans la première édition des *Œuvres complètes de Hegel* (*Hegel's Werke*. Vollständige Ausgabe durch einen Verein von Freunden des Verewigten; Bd. I : *Philosophische Abhandlungen*, éd. K. I. MICHELET, Berlin, 1re édition : 1832 — édition que nous désignons par *W* —, 2e édition : 1845), édition qui a été reproduite par l'édition du Jubilé, de H. Glockner (*Hegel. Sämtliche Werke ; Bd. I : Aufsätze aus dem kritischen Journal der Philosophie, und andere Schriften aus der Jenenser Zeit*, Stuttgart-Bad Cannstatt, F. Frommann Verlag, 1927) ; les articles du *Journal critique de la philosophie* constituent également, avec d'autres « Écrits critiques de Iéna », le contenu du tome 4 — premier tome paru — de la nouvelle édition critique des *Œuvres complètes de Hegel*, entreprise sous la direction de la « Deutsche Forschungsgemeinschaft » (*Hegel. Gesammelte Werke ; Bd. 4 : Jenaer kritische Schriften*, éd. H. BUCHNER - O. PÖGGELER, Hambourg, F. Meiner, 1968 — édition que nous désignerons par *B-P*). L'article sur le droit naturel a aussi été réédité deux fois par G. Lasson, parmi les « Écrits de Hegel sur la politique et la philosophie du droit » (*Hegel's Schriften zur Politik und Rechtsphilosophie*, éd. G. LASSON, Leipzig, F. Meiner, 1913 et 1923, — nous désignerons l'édition de 1913 par *L*). — Ces diverses éditions comportent quelques variantes, minimes d'ailleurs, par rapport au texte original. Nous avons nous-même parfois corrigé celui-ci : ces corrections, par lesquelles nous reprenons à l'occasion telle ou telle des variantes présentées par les rééditions fondamentales (*W, L, B-P*) du texte hégélien, ainsi que ces variantes elles-mêmes, sont mentionnées dans des notes au bas des pages de notre traduction. — Ne voulant pas surcharger fastidieusement ces notes, nous n'avons pas cru devoir indiquer les modifications que nous avons quelquefois apportées à la ponctuation secondaire du texte (virgules, points-virgules, tirets), pour nous conformer aux usages du français. — Ces usages, ainsi que les exigences de la clarté, nous ont amené à introduire quelques additions : des crochets carrés [...] renferment ces additions propres à la traduction. — Mais, fondamentalement, notre travail a été conduit dans le respect d'un principe élémentaire qu'on nous permettra de répéter ici, à savoir qu'un traducteur n'a pas à récrire ce qu'il traduit.

Nous nous sommes efforcé de ne pas utiliser de néologismes

lorsqu'il n'existe pas de termes français courants susceptibles de traduire adéquatement certains termes allemands : si, par exemple, nous avons employé le terme « déterminité » pour traduire « Bestimmtheit », en considérant qu'il y avait là un usage relativement courant chez les traducteurs français de Hegel, nous n'avons pas osé traduire « Sittlichkeit » par « éthicité », nous contentant de l'expression, déjà utilisée à cette fin, de « vie éthique ». — Mais il nous est arrivé de prendre un terme français dans un sens qui n'est pas tant le sien que celui du terme allemand dont il est la traduction, pour ainsi dire, obligée, et, d'ailleurs, imposée par l'usage : ainsi, nous avons généralement traduit le terme allemand « Indifferenz », que Hegel emprunte à Schelling, par le terme français « indifférence », en lui donnant le sens de « non-différence » ou « identité ». — Sur les problèmes de traduction, nous nous contenterons de ces brèves remarques préliminaires, en renvoyant le lecteur aux notes du bas des pages, dans lesquelles ont été traitées les questions particulières posées par la traduction.

*
**

Les notes du traducteur — indiquées par les chiffres arabes, alors que l'unique note de l'auteur est indiquée par un astérisque — ne comportent guère que des indications philologiques ou des références et citations appelées par le texte hégélien. Nous avons réservé les analyses proprement philosophiques que ce texte essentiel, mais difficile, exige, pour le *Commentaire* organique qui, faisant suite à la traduction d'abord proposée, s'efforcera, par une patiente reprise du texte traduit, de contribuer à rendre plus aisée au lecteur peu familiarisé avec la pensée hégélienne la compréhension de ce qui est — selon la juste remarque de Jean Hyppolite — « une des œuvres les plus remarquables que Hegel ait écrites, tant par l'originalité que par la densité de la pensée »[5].

5. J. Hyppolite, *Introduction à la philosophie de l'histoire de Hegel*, Paris, M. Rivière, 1948, p. 52.

DES MANIÈRES DE TRAITER SCIENTIFIQUEMENT DU DROIT NATUREL ;

de sa place dans la philosophie pratique, et de son rapport aux sciences positives du droit.

Il y a longtemps, en vérité, que là science du droit naturel, de la même façon que d'autres sciences, comme la mécanique, la physique, a été reconnue comme une science essentiellement philosophique, et, puisque la philosophie doit nécessairement avoir des parties, comme une partie essentielle de celle-ci ; mais elle a eu avec les autres [sciences] ce destin commun, que l'[élément] philosophique de la philosophie a été transporté uniquement dans la métaphysique, et qu'il ne leur a guère été concédé de participation à cet [élément], mais que, dans leur principe particulier, elles ont été maintenues tout à fait indépen-dantes de l'Idée ; les sciences citées comme exemples ont, finale-ment, été contraintes d'avouer leur éloignement de la philosophie, de telle sorte qu'elles reconnaissent ce que l'on a coutume d'appeler l'expérience pour leur principe scientifique, que, par là, elles renoncent aux prétentions d'être des sciences véritables et se contentent d'être composées d'une collection de notions empi-riques et de se servir des concepts de l'entendement en deman-dant qu'on veuille bien le leur permettre [1] et sans vouloir par eux affirmer quelque chose d'objectif. Si quelque chose de tel que ce qui s'est appelé science philosophique a, d'abord, été, contre son gré, exclu de la philosophie et de la catégorie de la science en général, et, ensuite, a fini par consentir à cette situa-tion, cette exclusion n'a pas sa raison en ce que ces│soit-disant

---

1. « bittweise ».

sciences dont il a été question ne seraient pas parties[2] de la science de la philosophie elle-même et ne se seraient pas tenues dans la connexion consciente avec elle ; car chaque partie de la philosophie est, en sa singularité, capable d'être une science subsistante-par-soi et d'acquérir une nécessité intérieure accomplie, parce que ce par quoi une telle science est une science véritable est l'absolu ; et, dans cette figure, c'est seulement le principe propre [à une telle science] qui réside au-dessus de la sphère de sa connaissance et de sa liberté, et relativement auquel elle appartient à une nécessité extérieure ; mais, de cette déterminité, l'Idée elle-même reste libre, et elle peut se réfléchir, dans cette science déterminée, aussi purement que la vie absolue s'exprime dans chaque vivant, — sans que l'[élément] scientifique d'une telle science, ou sa rationalité intérieure, se soit élevé, en émergeant au jour, dans la forme pure de l'Idée, laquelle est l'essence de toute science et, dans la philosophie — en tant qu'elle est la science absolue —, est en tant que cette Idée pure ; de ce développement propre et pourtant libre [et] scientifique d'une science, la géométrie donne un brillant exemple, envié des autres sciences. De même, ce n'est pas non plus parce qu'elles seraient proprement empiriques, qu'il faut refuser toute réalité aux sciences qui sont constituées comme celles qu'on a citées plus haut ; car, de même que chaque partie ou chaque côté de la philosophie est capable d'être une science subsistante-par-soi, de même chacun est immédiatement en même temps aussi une image subsistante-par-soi et achevée, et il peut être accueilli et présenté dans la figure d'une image par une intuition qui se tient purement et heureusement à l'écart de la | souillure par des concepts fixes.

Mais l'achèvement de la science exige que l'intuition et l'image soient réunies avec le logique et accueillies dans ce qui est purement idéel, tout aussi bien qu'il exige qu'à la science existant à part, et pourtant véritable, sa singularité soit enlevée, et que son principe soit connu suivant sa [propre] connexion et nécessité supérieure, et, précisément par là, soit lui-même complètement libéré. Et c'est par là seulement qu'il est aussi possible de connaître les limites de la science, au sujet desquelles elle doit nécessairement, sans cela, être dans l'ignorance, parce qu'il lui faudrait, autrement, se tenir au-dessus d'elle-même et connaître la nature de son principe suivant la déterminité de

---

2. *O* (cf. *W*, *B-P*) : « ausgegangen » ; *L* : « ausgegangen [seien] ».

celui-ci dans la forme absolue ; car, de cette connaissance, s'ensuivrait pour elle immédiatement la connaissance et certitude de l'extension de l'égalité de ses déterminités diverses[3] ; mais, ainsi [qu'elle est], elle ne peut se comporter, à l'égard de ses limites, qu'empiriquement, et elle doit nécessairement, tantôt essayer, de façon fausse, de les outrepasser, tantôt les croire plus étroites qu'elles ne sont, et, pour cette raison, faire l'expérience d'élargissements inattendus, — comme la géométrie, également, — qui, par exemple, sait démontrer, il est vrai, l'incommensurabilité du diamètre et du côté du carré, mais non celle du diamètre et de la circonférence d'un cercle* —, plus encore,

---

* Fichte (dans l'Introduction du *Droit naturel*) se prévaut de la simplicité du discernement pénétrant la raison de la dernière incommensurabilité : à savoir que, sérieusement, courbe ne serait pas droit. La superficialité de cette raison ressort de soi-même, et se réfute aussi immédiatement au moyen de la première incommensurabilité [, celle] du diamètre et du côté du carré, qui, tous deux, sont droits, ainsi qu'au moyen de la quadrature de la parabole. Pour ce qui concerne l'aide qui est cherchée, au même endroit, auprès du bon sens, contre l'infinité mathématique, à savoir qu'un polygone d'une infinité de côtés, précisément parce qu'il est un polygone d'une infinité de côtés, ne peut pas être mesuré, pour une part il faudrait disposer de la même aide contre le progrès infini dans lequel l'Idée absolue doit se réaliser, pour une autre part, au sujet de la chose principale, de l'infinité positive, qui n'est pas multitude infinie, mais identité, il n'est par là en rien déterminé si celle-ci est à poser ; ce qui signifie tout juste que, sur la commensurabilité ou incommensurabilité, rien n'est déterminé[4].

3. C'est-à-dire du lien d'identité par lequel ses déterminités différentes constituent *un* champ scientifique *propre*.

4. Cf. FICHTE, *Grundlage des Naturrechts nach Prinzipien der Wissenschaftslehre*, 1796, *Einleitung*, I, in : *Sämmtliche Werke (SW)*, éd. J. H. FICHTE, t. III, *Berlin*, 1845, pp. 6-7, note. — Dans une note précédente, Fichte a dénoncé la pensée « formelle », dont le « vrai philosophe » doit se garder, en tant que ce qu'il veut observer, c'est l'agir « originaire et nécessaire » (*ibid.*, p. 5), par conséquent universel, de la raison qui se déploie en lui, et non pas sa pensée propre, perdue en son arbitraire individuel. Il souligne ensuite, dans la note que vise ici Hegel, que cette pensée formelle règne aussi dans la mathématique, et s'y manifeste particulièrement dans « le mauvais usage de l'algèbre par des têtes seulement formelles ». Pour ne citer qu'un exemple, Fichte remarque que l'on n'a pas encore réussi à bien discerner « que la quadrature du cercle est impossible et contradictoire en son concept », et, ironique à l'égard d'un critique auquel, selon lui, la haute sagesse a fait perdre le bon sens, il affirme qu'il « sait » bien « que la circonférence doit être égale à un polygone d'une infinité de côtés et que l'on doit obtenir la surface de la première figure lorsqu'on a celle de la dernière », mais qu'il n'a pas pu « concevoir la possibilité de cette mesure », ce dont il rend, d'ailleurs, grâce à Dieu, puisque, en effet, « droit et courbe n'ont rien de commun ». Le concept d'un (polygone) infini « est bien celui d'*une tâche* consistant à poursuivre à l'infini la division du côté d'un polygone, donc la tâche d'un *déterminer infini* » ; mais, si le *concept* est, pour Fichte, l'objectivation de l'*agir* dans un *être*, la fixation du déterminer dans un déterminé, le concept

l'arithmétique, | et, au plus haut point, la réunion des deux, donnent les plus grands exemples du tâtonnement de la science dans l'obscurité aux abords des limites [5].

Si la philosophie critique a eu sur les sciences théoriques l'important effet négatif, de montrer ce qu'il y a de scientifique en elles comme quelque chose qui n'est pas objectif, mais qui appartient à l'intermédiaire entre le néant et la réalité, au mélange de l'être et du non-être, et d'amener leur aveu, qu'elles ne sont que dans l'[élément de l']avis empirique [6], son [moment] positif, de ce côté, s'est trouvé finalement d'autant plus pauvre et n'a pas été capable de rendre ces sciences à la philosophie. Par contre, elle a placé l'absolu entièrement dans la philosophie pratique, et, dans celle-ci, elle est un savoir positif ou dogmatique. Il nous faut considérer la philosophie critique, qui se nomme aussi idéalisme transcendental, de même qu'en général, de même en particulier dans le droit naturel, comme le point culminant de cette opposition qui — comme les cercles à la surface de l'eau s'étendent concentriquement à partir du point où l'eau est mise en mouvement, enfin perdent en de petits mouvements la relation à un centre | et deviennent infinis —, dans des efforts scientifiques antérieurs faisant sortir de la clôture de la barbarie [7], s'est, à partir d'assez faibles commencements, accrue de plus en plus, jusqu'à ce qu'elle se fût elle-même comprise, dans la philosophie critique, par le concept absolu de l'infinité, et que, comme infinité, elle se supprimât aussi elle-même. Aux manières antérieures de traiter du droit naturel, ainsi qu'à ce qu'il faudrait regarder comme des principes divers

d'un (polygone) infini est un concept vide, car son (non-)sens est celui de la contradiction d'une détermination (position d'un déterminé par la mesure) non déterminante (négation de la mesure par la poursuite indéfinie de l'acte déterminant ou différenciant) d'un agir qui ne peut donc jamais trouver son accomplissement et, par suite, se déposer dans le repos d'un être, bref, se représenter dans et comme un concept. — Hegel oppose alors à cette négation fichtéenne du concept de l'infini, c'est-à-dire de l'infini comme concept, l'affirmation fichtéenne du progrès infini par lequel le Moi réel pratique s'efforce de réaliser — en s'approchant ainsi du Moi comme Idée — l'unité exigée par la Moïté absolue, mais, objectera-t-on, la négation d'un être (ou d'un concept) infini se fonde précisément, dans la première philosophie de Fichte, sur l'affirmation de l'infini comme agir.

5. « die grössten Beyspiele vom Herumtappen der Wissenschaft im Dunkeln an den Gränzen giebt ».

6. « im empirischen Meynen ».

7. « in frühern wissenschaftlichen Bestrebungen aus der Verschlossenheit der Barbarey ».

de celui-ci, il faut, par suite, dénier, pour l'essence de la science, toute signification, — parce que, si elles sont, certes, dans l'opposition et la négativité, non pas toutefois dans la négativité absolue ou dans l'infinité, qui seule est pour la science, elles n'ont pas plus le positif que le négatif en leur pureté et sont des mélanges des deux. Ce serait seulement l'intérêt d'une curiosité portant sur l'[aspect] historique de la science, qui pourrait séjourner auprès d'elles, aussi bien pour les comparer avec l'Idée absolue et, dans la défiguration caricaturale [8] de celle-ci elle-même, apercevoir la nécessité avec laquelle, déformés par le fait d'une déterminité qui est principe, les moments de la forme absolue s'exposent et, même sous la domination d'un principe borné, dominent pourtant ces essais, — qu'également pour voir l'état empirique du monde se réfléchir dans le miroir idéel de la science.

Car, pour ce qui *concerne le dernier* [*point*], dans la connexion de toutes les choses, l'être-là empirique et l'état de toutes les sciences vont exprimer, certes, pareillement, l'état du monde, mais ce qui va le faire de la façon la plus rapprochée, c'est l'état du droit naturel, parce que ce dernier se rapporte immédiatement à l'[élément] éthique, le moteur de toutes les choses humaines, | et — dans la mesure où la science de celui-ci a un être-là, appartient à la nécessité — doit forcément être un avec la figure empirique de l'[élément] éthique, qui est tout aussi bien dans la nécessité, et, en tant que science, exprimer cette figure dans la forme de l'universalité.

Pour ce qui concerne le premier [*point*], ce qui peut seul être reconnu comme différence vraie du principe de la science, c'est si elle est dans l'absolu ou si elle est hors de l'unité absolue, dans l'opposition ; mais, dans le dernier cas, elle ne pourrait pas du tout être [une] science si son principe n'était pas une certaine unité incomplète et relative ou le concept d'un rapport [9], — et quand même il ne serait que la vide abstraction du rapport elle-même, sous le nom de la force attractive ou de la force de l'être-un. A des sciences dont le principe n'est pas un concept de rapport, ou est seulement la force vide de l'être-un, il ne reste rien d'idéel si ce n'est le premier rapport idéel, suivant lequel l'enfant est différent par rapport au monde, la forme de la représentation, dans laquelle elles posent les qualités empiriques

8. « in der Verzerrung ».
9 « eines Verhältnisses ».

et peuvent énumérer la multiplicité variée de celles-ci ; elles s'appelleraient, de préférence, des sciences empiriques. Mais, parce que des sciences pratiques visent, suivant leur nature, quelque chose de réellement universel ou une unité qui est l'unité d'un différent, dans l'empirie pratique les sensations, elles non plus, ne doivent pas inclure en elles de pures qualités, mais des rapports — que ce soient des rapports négatifs, comme l'instinct de conservation, ou des rapports positifs, en tant qu'amour et haine, sociabilité et autres rapports de ce genre ; et l'empirie plus scientifique | ne se différencie pas en général de cette empirie pure dont il a été question, par ceci que des rapports plus que des qualités seraient son objet, mais par ceci qu'elle fixe ces rapports dans la forme du concept et s'en tient à cette absoluité négative, sans toutefois séparer cette forme de l'unité et le contenu de cette forme ; nous appellerons ces sciences des *sciences empiriques* ; par contre, [nous appellerons] cette forme de la science, dans laquelle l'opposition est absolue, et l'unité pure ou l'infinité — le négativement-absolu —, de façon pure, séparée du contenu, et posée pour elle-même, une science *formelle* pure [10].

Quoique par là une différence spécifique soit bien établie entre les deux manières inauthentiques de traiter scientifiquement du droit naturel, différence suivant laquelle le principe de l'une, ce sont des rapports et des mélanges de l'intuition empirique et de l'universel, mais celui de l'autre une opposition absolue et une universalité absolue, il ressort pourtant de soi-même que les ingrédients des deux, intuition empirique et concept, sont les mêmes, et que le formalisme, dès qu'il passe à un contenu à partir de sa pure négation, ne peut également parvenir à rien d'autre qu'à des rapports ou à des identités relatives, — [que], parce que l'[élément] idéel pur, ou l'opposition, [est] posé absolument, l'Idée et unité absolue ne peut donc être présente, — et [que], relativement à l'intuition — puisque, avec le principe de l'opposition absolue ou de l'être-absolu de l'[élément] idéel pur, le principe absolu de l'empirie est posé, — les synthèses, pour autant qu'elles ne doivent pas avoir la signification simplement négative de la suppression | d'une partie de l'opposition, mais aussi une signification positive de l'intuition, représentent seulement des intuitions empiriques.

Ces *deux manières de traiter scientifiquement du droit*

---

10. « eine *reinformelle* Wissenschaft ».

naturel sont, en premier lieu, à caractériser de plus près, — la première, relativement à la façon dont l'Idée absolue apparaît en elle suivant les moments de la forme absolue, — l'autre, [relativement à la façon] dont l'infini, ou l'absolu négatif, cherche en vain à parvenir à une organisation positive ; l'analyse de cette dernière tentative conduira immédiatement à la *consi-* *dération de la nature et du rapport des sciences de l'*[élément] *éthique, en tant que sciences philosophiques,* de même qu'à *celle* *de leur rapport à ce qui est appelé science positive du droit,* et qui se tient, certes, en dehors de la philosophie, et, en renonçant de soi-même à elle, croit pouvoir se soustraire à sa critique, mais, en même temps, affirme pourtant avoir aussi une subsistance absolue et une réalité vraie, prétention qui ne peut être vérifiée.

[I] [1]

Pour ce qui concerne alors *la manière de traiter* du droit naturel, que nous avons appelée *la manière empirique,* on ne peut absolument pas, en premier lieu, s'engager, suivant leur matière, dans les déterminités et les concepts-de-rapport mêmes dont elle se saisit et qu'elle fait valoir sous le nom de principes, mais c'est précisément cette mise à part et fixation de déter- minités, qu'il faut nier. La nature de cette mise à part implique que l'[élément] scientifique doit viser seulement la forme | de l'unité, et que, à même un rapport organique, parmi toutes les diverses qualités dans lesquelles il se laisse répartir, si elles ne doivent pas seulement être récitées, il faut, pour, au-dessus de cette multitude, atteindre une unité, détacher une déterminité quelconque, et regarder celle-ci comme l'essence du rapport ; mais, précisément par là, la totalité de l'organique n'est pas atteinte, et le reste de celui-ci, exclu de cette déterminité choisie, passe sous la domination de celle-ci, qui est élevée au rang de l'essence et du but. Ainsi, par exemple, pour connaître le rapport [constitutif] du mariage, on pose tantôt la procréation des enfants, tantôt la communauté des biens, etc., et c'est à partir

1. Cf. *W, L.*

d'une telle déterminité, qui, en tant que l'essentiel, est érigée en loi, que le rapport organique tout entier est déterminé et souillé ; ou [encore], de la peine on retient tantôt la déterminité de l'amendement moral du criminel, tantôt celle du dommage provoqué, tantôt celle de la représentation de la peine dans d'autres [hommes], tantôt celle de la représentation — ayant précédé le crime — que se fait d'elle le criminel lui-même, tantôt celle de la nécessité que cette représentation devienne réelle, que la menace soit exécutée, etc., et une telle singularité est érigée en but et essence du tout ; où il s'ensuit alors naturellement que, parce qu'une telle déterminité n'est pas dans une connexion nécessaire avec les autres déterminités qui peuvent être découvertes et différenciées ultérieurement, il naît un tourment [2] qui n'a pas de fin, pour trouver la relation nécessaire de l'une aux autres, et la domination nécessaire de l'une sur les autres, — et que, parce que la nécessité intérieure, qui n'est pas dans la singularité, fait défaut, chacune peut très bien revendiquer pour elle l'indépendance à l'égard de l'autre. | — De telles qualités, retenues de la multiplicité des rapports dans laquelle l'organique est fragmenté par une intuition empirique ou incomplètement réfléchie, et posées dans la forme de l'unité conceptuelle, sont ce que ce savoir en question appelle l'essence et les buts, et, en tant que leur forme conceptuelle est exprimée comme être absolu de la déterminité qui constitue le contenu du concept, sont posées comme principes, lois, devoirs, etc. ; et, de ce changement de l'absoluité de la forme pure — mais qui est l'absoluité négative, ou l'identité pure, le concept pur, l'infinité — en l'absoluité du contenu et de la déterminité qui est accueillie dans la forme, on parlera davantage quand il s'agira du principe de la philosophie critique, laquelle entreprend ce changement-là — qui se produit inconsciemment quand il s'agit du savoir empirique dont il est ici question — en réfléchissant sur lui et comme absolue raison et obligation.

Cette unité formelle, en laquelle la déterminité est posée par la pensée, est en même temps ce qui donne l'apparence de la nécessité que recherche la science ; car l'unité d'opposés, considérée en relation avec ceux-ci comme réels, est leur nécessité. Toutefois, parce que la matière de l'unité formelle, dont il est parlé, n'est pas le tout des opposés, mais seulement l'un des opposés, une déterminité, la nécessité, elle aussi, n'est qu'une

---

2. *O* : « eine Gequäle » ; il faut lire : « ein Gequäle » (cf. *W, L, B-P*).

nécessité analytique formelle et se rapporte simplement à la forme d'une proposition identique ou analytique dans laquelle la déterminité | peut être exposée ; mais, par cette absoluité de la proposition, est aussi captée subrepticement une absoluité du contenu, et ainsi sont constitués des lois et des principes.

Mais, en tant que cette science empirique se trouve dans la multiplicité variée de tels principes, lois, buts, devoirs, droits, dont aucun n'est absolu, l'image et le besoin de l'unité absolue de toutes ces déterminités sans connexion, et d'une nécessité originaire simple, doivent, en même temps, nécessairement se présenter à elle, et nous considérons comment elle va satisfaire à cette exigence issue de la raison, ou comment l'Idée rationnelle absolue va être exposée en ses moments sous la domination de l'opposition — insurmontable pour ce savoir empirique — du multiple et de l'un ; il est, pour une part, intéressant en soi d'apercevoir, dans cet effort scientifique et dans le medium trouble de celui-ci, même encore le reflet et la domination de l'absolu, mais en même temps l'être-renversé [3] de celui-ci, pour une autre part les formes que les moments de l'absolu y ont reçues sont devenues une sorte de préjugés et de pensées exemptes de doute et valant universellement, dont la critique doit nécessairement montrer le caractère de néant pour justifier la science de ce qu'elle n'en tient aucun compte, — laquelle preuve de leur caractère de néant se présente avec le plus d'évidence pour autant que l'on montre le fondement et le sol sans réalité d'où elles proviennent et dont le goût et la nature s'enracinent en elles.

En premier lieu, la totalité scientifique se présente à la science empirique comme une totalité du multiple | ou comme complétude [4], tandis qu'elle se présente au formalisme proprement dit comme conséquence [avec soi] [5] ; celle-là peut élever à son gré ses expériences dans l'universalité, et poursuivre avec ses déterminités pensées la conséquence [avec soi] jusqu'à ce qu'un autre matériau empirique qui contredit le premier, mais a, aussi bien, son droit à être pensé et à être exprimé comme principe, ne permette plus la conséquence [avec soi] de la déterminité précédente, mais contraigne à l'abandonner. Le formalisme peut étendre sa conséquence [avec soi] aussi loin que le permet en général l'être vide de son principe, ou un contenu

3. « die Verkehrtheit ».
4. « als Vollständigkeit ».
5. « als Consequenz ».

qu'il s'est procuré subrepticement ; mais, pour autant, il est aussi
autorisé, quant à ce qui manque à la complétude, à l'exclure
avec hauteur de son apriorité et de sa science sous le sobriquet
de l'empirique ; car il affirme ses principes formels comme
l'apriorique et l'absolu, et, donc, ce dont il ne peut se rendre
maître par leur moyen, comme quelque chose de non-absolu et
de contingent, — si, toutefois, il ne sait pas s'en tirer de telle
sorte qu'il trouve, en direction de l'empirique en général, et,
encore, d'une détermination en direction de l'autre, le passage
formel de la progression du conditionné à la condition, et,
puisque celle-ci est, à son tour, un conditionné, ainsi de suite [6]
à l'infini, — par quoi, toutefois, il ne se dessaisit pas seulement
de tout avantage sur ce qu'il appelle l'empirie, mais, puisque,
dans la connexion du conditionné avec la condition, ces opposés
sont posés comme subsistant absolument, il s'enfonce lui-même
totalement dans la nécessité empirique et confère à celle-ci, par
l'identité formelle ou le négativement-absolu avec lequel il la
tient rassemblée, l'apparence d'une absoluité véritable. |

Mais cette liaison de la conséquence [avec soi] avec la complétude de l'image — que ce soit celle de la dernière conséquence [avec soi] formelle et vide plus complète, ou celle de la
première conséquence [avec soi] dont il a été question, qui, avec
des concepts déterminés pour principes, des principes tels qu'elle
passe de l'un à d'autres, n'est conséquente que dans l'inconséquence — dérange immédiatement la situation du divers multiforme, tel qu'il est pour l'empirie pure, pour laquelle chaque
[élément du divers multiforme] a des droits égaux à ceux de
l'autre, et qui ne préfère aucune déterminité à l'autre, chacune
de ces déterminités étant aussi réelle que l'autre, — ce sur quoi
nous reviendrons encore ci-dessous, en comparant l'empirie pure
avec cette empirie scientifique dont il est question ici.

Après cette totalité formelle, il nous faut considérer comment
l'unité absolue, aussi bien comme [une] unité simple, que nous
pouvons nommer l'unité originaire, qu'également comme [une]
totalité, apparaît dans le reflet du savoir empirique ; les deux
unités, qui ne font qu'un dans l'absolu, doivent nécessairement
se présenter, dans ce savoir-là, séparées et comme quelque
chose de divers.

Pour ce qui concerne, en premier lieu, cette unité-là,
l'empirie ne peut se préoccuper d'elle comme de l'essence de la

---

6. *O* (cf. *W*) : « sofort » ; il faut lire : « so fort » (cf. *L*, *B-P*).

nécessité, laquelle essence est, pour le phénomène, un lien extérieur de celui-ci ; car, dans l'unité qui est l'unité essentielle, le
divers multiforme est immédiatement anéanti et [il est] du
néant ; parce que l'être divers multiforme est le principe de
l'empirie, il est refusé à celle-ci de pénétrer jusqu'au néant
absolu de ses qualités, qui, pour elle, sont absolues et aussi, du
fait du concept suivant lequel elles sont des termes purement
et simplement multiples, des termes infiniment multiples ; cette
unité originaire dont il a été question ne peut, par suite, signifier
qu'une quantité, autant qu'il est possible, simple et restreinte,|
de qualités, avec laquelle elle croit avoir de quoi parvenir à la
connaissance des autres. Cet idéal-là, dans lequel ce qui passe
aussi approximativement pour arbitraire et contingent est effacé,
et dans lequel, du divers multiforme, la plus petite quantité
nécessaire est posée, est pour l'empirie, dans le domaine physique
tout comme dans le domaine éthique, le *chaos*, qui, dans ce
dernier domaine, est représenté tantôt davantage, sous l'image
de l'être, par la fiction de l'imagination, comme *état de nature* [7],
tantôt davantage, sous la forme de la possibilité et de l'abstraction, comme une énumération, par une psychologie empirique,
des facultés trouvées là dans l'homme, [comme] *nature et détermination de l'homme* [8] ; et, de cette manière, ce qui, d'une part,
est affirmé comme entièrement nécessaire, en soi, absolu, est,
d'autre part, en même temps reconnu comme quelque chose de
non-réel, de simplement imaginé et comme chose-de-pensée, là
comme une fiction, ici comme une simple possibilité, ce qui est
la contradiction la plus rude.

Pour l'entendement commun, qui se tient dans le mélange
trouble de ce qui est en soi et de ce qui est passager, il n'y a rien
de plus concevable si ce n'est qu'il pourrait trouver ce qui est
en soi, de la manière [suivante, à savoir] que, s'il séparait de
de l'image mêlée de l'état du droit [9] tout ce qui est arbitraire et
contingent, du fait de cette abstraction il devrait lui rester immédiatement ce qui est absolument nécessaire ; si l'on vient à se
défaire par la pensée de tout ce qu'un pressentiment trouble
peut compter parmi le particulier et passager, comme appartenant à des mœurs particulières, à l'histoire, à la culture et
aussi à l'État, il reste l'homme sous l'image de l'état de nature
en sa nudité,|ou l'abstraction de l'homme avec ses possibilités

---

7. « *Naturzustand* ».
8. « *Natur und Bestimmung des Menschen* ».
9. « *Rechtszustandes* ».

essentielles, et l'on n'a qu'à regarder pour trouver ce qui est
nécessaire ; — il faut que ce qui est reconnu être en relation
avec l'État fasse aussi partie de ce qui est mis à part, parce que
l'image chaotique du nécessaire ne peut pas contenir l'unité
absolue, mais seulement la multiplicité variée simple, les atomes
avec le moins de qualités possible, et qu'ainsi ce qui peut tomber
sous le concept d'une liaison et mise en ordre de cette multiplicité variée, comme de l'unité la plus faible dont soit capable le
principe de la multiplicité, en est exclu comme ce qui vient
seulement plus tard et ne fait que s'ajouter à cette multiplicité
dont il a été question. Or, dans cette séparation dont on a parlé,
il manque, en premier lieu, d'une façon générale, à l'empirisme,
tout critère au sujet du lieu où passerait la limite entre le contingent et le nécessaire, [au sujet] de ce qui, ainsi, dans le chaos
de l'état de nature ou dans l'abstraction de l'homme, devrait
rester et de ce qui devrait être laissé de côté ; la détermination
conductrice ne peut ici être rien d'autre si ce n'est qu'il y ait en
elle autant que ce dont on a besoin pour l'exposition de ce qui
est trouvé dans l'effectivité ; le principe directeur pour cet
a priori-là est l'*a posteriori*. Quant à ce que l'on doit faire
valoir dans la représentation de l'état du droit, pour cela on a
seulement, en vue de montrer sa connexion avec l'originaire et
nécessaire, et ainsi de le montrer lui-même comme nécessaire,
à placer à cette fin dans le chaos une qualité, ou une faculté,
propre, — [cela,] suivant la manière des sciences partant de
l'empirique, en général, manière qui consiste, en vue de ce que
l'on appelle l'explication [10] de l'effectivité, à faire des hypo-
thèses | dans lesquelles cette effectivité est posée, dans la même
déterminité, seulement en une figure tout à fait formelle-idéelle,
comme force, matière, faculté, [dans lesquelles,] donc, l'un [des
moments] est, à partir de l'autre, aussi très facilement concevable et explicable.

   D'un côté, ce pressentiment trouble d'une unité originaire et
absolue, qui s'extériorise dans le chaos de l'état de nature et
dans l'abstraction de facultés et de penchants, ne parvient pas
jusqu'à l'unité négative absolue, mais il n'est dirigé que sur
l'effaçage d'une grande multitude de particularités et d'oppositions ; cependant, il reste encore, dans ce chaos de l'état de
nature, une multitude indéterminable de déterminités qualita-
tives, qui ont tout aussi peu, pour elles-mêmes, une autre

---

10. « zur sogenannten Erklärung ».

nécessité qu'une nécessité empirique, et n'ont, les unes pour les autres, aucune nécessité intérieure ; elles ont seulement la relation d'être déterminées en tant qu'un multiple, et — parce que ce multiple comporte des éléments qui sont multiples les uns pour les autres, mais est sans unité — en tant qu'opposées entre elles et dans un conflit absolu les unes à l'égard des autres ; et les énergies du [domaine] éthique qui ont été séparées doivent nécessairement être pensées, dans l'état de nature ou dans l'abstraction de l'homme, comme [étant] dans une guerre dont les éléments s'anéantissent mutuellement. Mais il est, précisément pour cette raison, aisé de montrer que, en tant que ces qualités sont absolument opposées les unes aux autres et, ainsi, sont purement idéelles, elles ne peuvent pas, dans cette idéalité et séparation, comme, pourtant, cela doit être, subsister, mais elles se suppriment et se réduisent à néant ; cependant, à cette réflexion absolue et au discernement du néant des déterminités dans l'absolument-simple, l'empirie ne peut parvenir, mais le néant multiple reste pour elle une multitude de réalités. Mais, à cette multiplicité, l'unité positive, s'exprimant comme totalité absolue, | doit nécessairement, pour l'empirisme, venir s'ajouter comme quelque chose d'autre et d'étranger, et, déjà dans cette forme de la liaison des deux côtés de l'identité absolue, il est contenu que la totalité se présentera tout aussi troublée et impure que le côté de l'unité originaire. Le fondement de l'être pour l'autre de l'une de ces unités ici séparées, ou du passage de la première à la deuxième, est, pour l'empirie, aussi facile à indiquer qu'il lui est facile en général de fonder. Suivant la fiction de l'état de nature, celui-ci est abandonné à cause des maux qu'il entraîne, ce qui ne signifie rien d'autre si ce n'est qu'est présupposé le terme où l'on veut arriver, à savoir qu'un accord [avec soi] de ce qui est, en tant que chaos, en conflit [avec soi] serait le bien ou ce à quoi il faudrait parvenir ; ou bien, dans la représentation des qualités originelles en tant que possibilités, est immédiatement introduit un tel fondement du passage [en autre chose], en tant qu'instinct de sociabilité, ou [encore,] l'on renonce à la forme conceptuelle d'une faculté et l'on progresse d'emblée jusqu'à l'[être] tout à fait particulier du phénomène de cette deuxième unité dont il a été question, jusqu'à l'[élément] historique, en tant que subjugation des plus faibles par les plus puissants, etc... Mais l'unité elle-même, suivant le principe de la multiplicité qualitative absolue, ne peut, comme dans la physique empirique, représenter rien d'autre que, à nouveau, des intrications multiformes du multiple simple et séparé posé comme

originaire, des contacts superficiels de ces qualités qui, pour
elles-mêmes, dans leur particularité, sont indestructibles et ne
sont capables d'entrer que dans des liaisons et mélanges
légers et partiels, à la place des multiples qualités atomisées,
donc une | multiplicité de quelque chose de divisé ou de rapports,
et, dans la mesure où l'unité est posée comme tout, elle peut
poser le nom vide d'une harmonie informe et extérieure, sous
le nom de la société et de l'État. Bien que cette unité, que ce
soit pour elle-même ou, sous un rapport plus empirique, suivant
sa naissance, soit représentée comme absolue, recevant de Dieu
son origine immédiate, et bien que dans sa subsistance le centre
et l'essence intérieure soient représentés comme divins, cette
représentation, pourtant, reste, à son tour, quelque chose de
formel, qui ne fait que flotter au-dessus de la multiplicité, qui
ne la pénètre pas. Soit que Dieu ne soit pas connu seulement
comme le créateur de la réunion, mais aussi comme son conser-
vateur, et que, en relation avec ce dernier point, la majesté du
pouvoir suprême soit connue comme son reflet et [comme étant]
en elle-même divine, le divin de la réunion est quelque chose
d'extérieur pour les multiples [éléments] réunis, qui, avec lui,
ne peuvent être posés que dans le rapport de la domination,
parce que le principe de cette empirie exclut l'unité absolue de
l'un et du multiple ; et, sur ce point constitué par ce rapport,
elle se rencontre immédiatement avec le principe opposé à elle,
pour lequel l'unité abstraite est ce qui est premier, sauf que
l'empirie n'est pas en peine de ses inconséquences [, qui] naissent
du mélange de choses posées [comme] aussi spécifiquement
diverses que [le sont] l'unité abstraite et la multiplicité absolue,
et, précisément pour cette raison, a aussi l'avantage de ne pas
fermer l'accès à des aspects qui, en dehors de leur côté simplement matériel, sont des manifestations d'un intérieur plus pur
et plus divin que cela ne peut être le cas suivant le principe de
l'opposition [11], dans lequel seules sont possibles domination et
obéissance. |

L'état de nature et la majesté et divinité — étrangère aux
individus et, pour cette raison, elle-même singulière et particulière — du tout de l'état du droit, ainsi que le rapport de la
soumission absolue des sujets sous ce pouvoir suprême dont
on a parlé, sont les formes dans lesquelles les moments dispersés

---

11. *O :* « Entgegengesetzung » ; il faut lire, bien sûr : « Entgegensetzung »
(cf. *W, L, B-P*).

de la vie éthique organique, — le moment de l'unité absolue, celui de l'unité pour autant qu'elle comprend en elle-même l'opposition de l'unité et de la multiplicité et qu'elle est totalité absolue, et le moment de l'infinité, ou du néant des réalités [constitutives] de l'opposition —, sont fixés comme des essentialités particulières, et, précisément par là, sont, ainsi que l'Idée, renversés. L'Idée absolue de la vie éthique contient, par contre, l'état de nature et la majesté comme absolument identiques, en tant que cette dernière n'est elle-même rien d'autre que la nature éthique absolue, et que l'on ne peut penser à aucune perte de la liberté absolue que l'on devrait comprendre sous la liberté naturelle, ou que ne peut être pensé un abandon de la nature éthique, du fait de l'être-réel de la majesté ; mais l'[élément] naturel qui devrait, dans le rapport éthique, être pensé comme quelque chose qu'il faut abandonner, ne serait lui-même rien d'éthique et, ainsi, représenterait le moins ce rapport éthique en son [12] originarité. Pas davantage, l'infinité ou le néant du singulier, des sujets, n'est fixé dans l'Idée absolue et n'est dans une identité relative avec la majesté, en tant qu'un rapport de soumission, dans lequel la singularité aussi serait quelque chose d'absolument posé ; mais, dans l'Idée, l'infinité est véritable, la singularité, comme telle, n'est rien, et [elle] est absolument une avec la majesté éthique absolue, lequel être-un vivant véritable| [et] non soumis est seul la vie éthique véritable du singulier.

Nous avons reproché à l'empirie scientifique, pour autant qu'elle est scientifique, le caractère-de-néant positif et la non-vérité de ses principes, lois, etc., parce qu'elle accorde à des déterminités, par l'unité formelle dans laquelle elle les [13] fait passer, l'absoluité négative du concept, et qu'elle les exprime comme positivement absolues et [comme] étant en soi, comme but et destination, principe, loi, devoir et droit, lesquelles formes signifient quelque chose d'absolu ; mais, pour obtenir l'unité d'un rapport organique, lequel offre à cet acte-de-déterminer qualitatif une foule de tels concepts, il faut qu'à une unique déterminité exprimée comme but, destination ou loi, soit donnée une domination sur les autres déterminités de la multiplicité variée, et que celles-ci soient posées, devant elle, comme non-réelles et ayant un caractère de néant. C'est dans cette application et conséquence [avec soi] que l'intuition est anéantie en tant que

---

12. *O :* « in feiner » ; il faut lire : « in seiner » (cf. *W, L, B-P*).
13. *O* (cf. *B-P*) : « dieselbe » ; il faut lire : « dieselben » (cf. *W, L*).

totalité intérieure ; c'est donc par l'inconséquence que cet accueil
— dont il a été question — des déterminités dans le concept
peut se rectifier, et que la violence faite à l'intuition peut se
supprimer ; car l'inconséquence anéantit immédiatement l'absoluité accordée auparavant à une déterminité. Par ce côté, l'an-
cienne empirie totalement inconséquente doit être justifiée, non
par rapport à la science absolue en tant que telle, mais par
rapport à la conséquence [avec soi] de la scientificité empirique,
dont il a été question jusqu'à maintenant. Une grande et pure
intuition peut, de cette façon, dans l'[élément] purement archi-
tectonique de sa présentation, à même lequel la connexion de
la nécessité et la domination | de la forme n'ont pas émergé
dans le visible, exprimer [14] ce qui est véritablement éthique ;
[cas] semblable à [celui d'] un bâtiment qui présente de façon
muette l'esprit de son créateur dans la masse des matériaux
dispersés [15], sans que l'image de celui-ci elle-même, rassemblée
en une unité, soit posée en lui comme figure. C'est, dans une
telle présentation faite à l'aide de concepts, seulement une mala-
dresse de la raison, que de ne pas élever dans la forme idéelle
ce qu'elle embrasse et pénètre, et de ne pas être consciente
de cela en tant qu'Idée ; pourvu que l'intuition reste fidèle à
elle-même et ne se laisse pas fourvoyer par l'entendement, alors,
dans la mesure où elle ne peut pas se passer de concepts pour
son expression, elle se comportera de façon maladroite eu égard
à ceux-ci, elle accueillera des figures renversées dans le passage
à travers la conscience et sera pour le concept aussi bien
décousue que contradictoire ; mais l'ordonnance des parties et
[celle] des déterminités qui se modèrent laissent deviner l'esprit
rationnel, certes non visible, mais intérieur, et, dans la mesure
où cette manifestation qui est la sienne est considérée comme
[un] produit et résultat, celui-ci s'accordera, en tant que produit,
parfaitement avec l'Idée. Pour l'entendement, il n'y a ici rien de
plus facile que de se jeter sur l'empirie, d'opposer, à ces fondements maladroits dont il a été question, d'autres fondements,
de montrer la confusion et la contradiction des concepts, de
tirer, des propositions isolées en leur singularité, des consé-
quences qui expriment ce qu'il y a de plus rude et de plus
irrationnel et, d'une manière multiforme, étalent le caractère
non scientifique de l'empirie, — en quoi celle-ci a ce à quoi elle

14. *O :* « ausdrücken » ; il faut lire : « auszudrücken » (cf. *W, L, B-P*).
15. « in der auseinandergeworfenen Masse ».

a droit, particulièrement lorsque, ou bien elle a la prétention d'être scientifique, ou bien elle est polémique à l'encontre de la science comme telle. Par contre, lorsque des déterminités sont fixées | et que leur loi est réalisée avec conséquence à travers les côtés découverts par l'empirie, que l'intuition leur est soumise et qu'en général est constitué ce que l'on a coutume de nommer [une] théorie, l'empirie peut, à bon droit, accuser une telle théorie d'unilatéralité ; et, par la complétude des déterminités qu'elle fait valoir, il est en son pouvoir de contraindre cette théorie, avec instance, à une universalité qui devient entièrement vide. Cet être-borné des concepts, dont il a été question, la fixation des déterminités, l'élévation d'un côté — dont on s'est saisi — du phénomène dans l'universalité, et la domination, qui lui est accordée, sur les autres, c'est ce qui, dans les derniers temps, ne s'est plus appelé [une] théorie, mais [une] philosophie et, suivant qu'[une telle philosophie] s'est élancée vers de plus vides abstractions et s'est emparée de plus pures négations, telles que liberté, volonté pure, humanité, etc., [une] métaphysique, et [c'est ce qui] a cru, aussi bien dans le droit naturel que, particulièrement, dans le droit politique et dans le droit pénal, avoir suscité des révolutions philosophiques, lorsque — avec de telles abstractions sans essence et de telles négations exprimées positivement, que liberté, égalité, État pur, etc., ou avec des déterminités prises de l'empirie commune, qui sont tout aussi dépourvues d'essence que celles-là, comme [la] contrainte [16], particulièrement [la] contrainte psychologique, avec tout ce qui se rattache à elle en fait d'opposition de la raison pratique et des mobiles sensibles [17], et ce qui d'autre a son chez-soi dans cette psychologie — [une telle philosophie] a tiraillé ces sciences de côté et d'autre, et, pour ce qui est de pareils concepts tenant du néant, elle les a, de même, en tant qu'absolus buts de la raison, principes de la raison et lois, soumis à sa contrainte, avec plus ou moins de conséquence, | à travers une science. A bon droit, l'empirie exige qu'un tel philosopher s'oriente selon l'expérience, elle insiste, à bon droit, sur sa [propre] opiniâtreté à l'encontre d'un tel échafaudage artificiel de principes ; et elle préfère son inconséquence empirique, qui se fonde sur une intuition, quelque trouble qu'elle soit, d'un tout, à la conséquence [avec soi] d'un tel philosopher, et sa propre confusion, par

---

16. « Zwang ».
17. « mit seinem ganzen Anhang von Entgegensetzung der praktischen Vernunft und der sinnlichen Triebfedern ».

exemple [celle] de la vie éthique, de la moralité, de la légalité [18],
ou, dans un cas plus singulier, dans la peine, la confusion de
la vengeance, de la sécurité de l'État, de l'amendement, de l'exé-
cution de la menace, de l'intimidation, de la prévention, etc., que
ce soit dans une perspective scientifique ou dans la vie pratique,
à la séparation absolue de ces divers côtés d'une seule et même
intuition et à la détermination du tout de cette dernière par
l'une, singulière, de ces qualités, — [elle] affirme, à bon droit,
que la théorie et ce dont il a été question, qui se nomme philosophie et métaphysique, n'a aucune application et contredit la
praxis nécessaire, laquelle non-applicabilité serait mieux exprimée
si l'on disait que, dans cette théorie et philosophie-là, il n'y a
rien d'absolu, aucune réalité ni vérité. L'empirie reproche enfin,
à bon droit, à un tel philosopher, aussi son ingratitude envers
elle, en tant que c'est elle qui lui fournit le contenu de ses
concepts, et qu'il lui faut voir ce dernier gâté et renversé par
celui-là ; car l'empirie offre la déterminité du contenu dans une
intrication et liaison avec d'autres déterminités, qui, en son
essence, est un tout, [est] organique et vivante, ce qui, par ce
morcellement dont il a été question|et par cette élévation —
dont il a été question — d'abstractions et de singularités sans
essence à l'absoluité, est mis à mort.

Avec le plus grand droit, une empirie s'affirmerait à l'encontre d'une telle théorie et philosophie, et considérerait la foule
de principes, de buts, de lois, de droits, comme quelque chose
de non absolu et comme des différenciations qui, pour la culture,
par laquelle son intuition propre lui devient plus claire, sont
importantes, — si elle-même était et restait pure. Mais, lorsque
l'empirie paraît entrer en lutte avec la théorie, il se révèle ordi-
nairement que l'une comme l'autre sont une intuition déjà viciée
et supprimée préalablement par la réflexion, et une raison renversée, et que ce qui se donne comme empirie est seulement
ce qui est plus faible dans l'abstraction et ce qui, avec une auto-
activité moindre, n'a pas soi-même dégagé, différencié et fixé ses
limitations, mais est pris dans des limitations qui, devenues fixes
dans la culture universelle, sont présentes comme bon sens, et,
pour cette raison, paraissent être reçues immédiatement de
l'expérience. Entre une telle perversion, devenue fixe, de l'intuition, et les abstractions qui sont fixées seulement maintenant,
l'image du conflit est nécessairement tout aussi bariolée qu'elles-

18. « Sittlichkeit, Moralität, Legalität. »

mêmes le sont ; chacune utilise contre l'autre tantôt une abstraction, tantôt une prétendue expérience, et c'est, des deux côtés,
l'empirie qui se brise à même l'empirie, et la limitation qui se
brise à même la limitation, — tantôt une attitude s'enorgueil-
lissant de principes et de lois face à la philosophie, et une exclusion de celle-ci comme d'un juge incompétent sur de telles
vérités absolues | dans lesquelles l'entendement a couru se fixer [19],
tantôt un mésusage d'elle pour le raisonnement et un appel à
elle.

Ce droit relatif qui a été accordé à l'empirie, lorsque l'intuition est en elle ce qui domine, à l'encontre du mélange de
l'empirique et du réfléchi, se rapporte, comme on l'a rappelé, à
son intérieur inconscient, mais le moyen-terme entre les deux
[moments] — cet intérieur dont on vient de parler et l'extérieur
de cette empirie —, la conscience, est le côté où réside son
manque et, par conséquent, son unilatéralité ; et sa poussée en
direction de ce qui est scientifique, ainsi que la liaison incomplète et le simple contact avec le concept par lequel elle ne fait,
de cette manière, que se rendre impure, proviennent de la
nécessité que la multiplicité et finité s'abîme absolument dans
l'infinité ou dans l'universalité.

[II] [1]

Mais le côté de l'infinité est ce qui constitue le principe de
l'apriorité s'opposant à l'empirique, principe à la considération
duquel nous passons maintenant.

Le cours de la visée empirique et du mélange qu'elle fait du
multiforme avec le simple, en direction du concept, est, dans le
concept absolu ou dans l'infinité, libéré de son oscillation, et la
séparation incomplète est tranchée. Dans une abstraction inférieure, l'infinité est, certes, dans la doctrine de la félicité en
général et dans le droit naturel en particulier, par les systèmes
qui s'appellent antisocialistes et qui posent l'être du singulier

19. « in die sich der Verstand festgerennt hat ».
1. Cf. *W, L.*

comme ce qu'il y a de premier et de plus élevé, dégagée aussi comme absoluité du sujet, mais non en la pure | abstraction qu'elle a reçue dans l'idéalisme kantien ou fichtéen.

Ce n'est pas le lieu, ici, d'exposer la nature de l'infinité et de ses transformations variées ; car, de même qu'elle est le principe du mouvement et du changement, de même son essence elle-même n'est rien d'autre que d'être le contraire non médiatisé de soi-même ; ou [encore,] elle est le négativement-absolu, l'abstraction de la forme, qui, en tant qu'elle est identité pure, est immédiatement pure non-identité ou absolue opposition, — en tant qu'elle est idéalité pure, est aussi bien immédiatement réalité pure, — en tant qu'elle est l'infini, est l'absolument-fini, — en tant qu'elle est l'indéterminé, est l'absolue déterminité. Le passage absolu dans l'opposé, qui est son essence, et la disparition de chaque réalité dans son contraire[2], ne peuvent être arrêtés autrement si ce n'est que, d'une manière empirique, l'un de leurs côtés, à savoir la réalité, ou la subsistance des opposés, est fixé, et qu'il est fait abstraction du contraire, du néant de cette subsistance. Cet opposé réel est, d'un côté, l'être multiforme ou la finité, et, face à celle-ci, l'infinité, comme négation de la multiplicité et, positivement, comme unité pure ; et le concept absolu, constitué de cette manière, donne dans cette unité ce qui a été nommé raison pure. Mais le rapport de cette unité pure à l'étant multiforme qui lui fait face est lui-même, à son tour, aussi bien une relation doublée : ou bien la relation positive de la subsistance des deux, ou bien celle de l'être-anéanti des deux ; mais aussi bien cette subsistance-là que cet être-anéanti-ci ne sont | à entendre que comme une subsistance partielle et un être-anéanti partiel, car, si cette subsistance des deux [termes] était absolue, il n'y aurait pas du tout de relation des deux, et, si l'être-anéanti complet des deux était posé, il n'y aurait pas une subsistance des deux ; cette subsistance partielle et cet être-nié partiel des deux, — l'opposition d'un Moi divisible à un Non-Moi divisible dans le Moi[3], c'est-à-dire dans la relation précisément pour cela également partielle —, c'est là le principe absolu de cette philosophie. Dans la première relation, la rela-

---

2. *O* (cf. *W*, *B-P*) : « in seinem Gegentheil » ; nous croyons qu'il faut lire : « in ihrem Gegentheil » (cf. *L*).

3. Chez Fichte, comme on sait, le troisième principe de la *Doctrine de la science* énonce que « comme Moi, j'oppose, dans le Moi, au Moi divisible un Non-Moi divisible » (cf. FICHTE, *Grundlage der gesammten Wissenschaftslehre*, I, § 3, *SW I*, p. 110).

tion positive, l'unité pure s'appelle raison théorique, dans la relation négative, raison pratique ; et, parce que, dans celle-ci, la négation de l'opposition est ce qui est premier, qu'ainsi l'unité est en tant que ce qui subsiste davantage, tandis que, dans la première, la subsistance de l'opposition est ce qui est premier, qu'ainsi la multiplicité est ce qui existe d'abord et subsiste davantage, la raison pratique apparaît, ici, comme la raison réelle, mais la raison théorique, comme la raison idéelle. — Mais l'on voit que cette détermination appartient totalement à l'opposition et au phénomène ; car l'unité pure, qui est posée comme raison, est, à vrai dire, négative, idéelle, si l'opposé, le multiple, ce qui en cela est l'irrationnel, a absolument une subsistance, — de même qu'elle apparaît comme subsistant davantage et plus réelle, si le multiple est posé comme nié, ou plutôt comme à nier. Mais le multiple irrationnel évoqué dans le premier cas, comme la nature est posée face à la raison en tant que la pure unité, n'est irrationnel que parce qu'elle [4] est posée comme l'abstraction sans essence du multiple, alors que, par contre, la raison est posée comme l'abstraction sans essence de l'un ; mais, considéré en soi, ce multiple-là est aussi bien absolue unité de l'un et du multiple que cette unité-ci ; | et la nature ou la raison théorique, qui est le multiple, en tant qu'unité absolue de l'un et du multiple, doit nécessairement, bien plutôt, à l'inverse, être déterminée comme la raison réelle, tandis que la raison éthique, qui est l'unité, en tant qu'unité absolue de l'un et du multiple, doit nécessairement, bien plutôt, à l'inverse, être déterminée comme la raison idéelle, — parce que, dans l'opposition, la réalité est dans la multiplicité, mais l'idéalité, dans l'unité.

En ce qui s'appelle raison pratique, il n'y a, par conséquent, à connaître que l'Idée *formelle* de l'identité de l'idéel et du réel, et l'Idée de l'identité de l'idéel et du réel devait, dans ces systèmes, être le point d'indifférence absolu ; mais cette Idée-là ne vient pas hors de la différence et l'idéel ne parvient pas à la réalité ; car, bien que, dans cette raison pratique, l'idéel et le réel soient identiques, le réel demeure pourtant absolument opposé ; ce réel est posé, essentiellement, en dehors de la raison, et c'est seulement dans la différence à l'égard de lui qu'est la raison pratique, — dont l'essence est conçue comme un rapport de causalité relativement au multiple, — comme une identité qui [est] absolument affectée d'une différence et ne vient pas hors

4. C'est-à-dire la nature.

du phénomène. Cette science de l'[élément] éthique, qui parle de l'identité absolue de l'idéel et du réel, n'agit donc pas suivant ses paroles, mais sa raison éthique est, en vérité et dans son essence, une non-identité de l'idéel et du réel. — La raison éthique a été, tout à l'heure, déterminée comme l'absolu dans la forme de l'unité, et par là, en tant qu'elle est elle-même posée comme une déterminité, elle paraît immédiatement, en cette détermination, être posée tout aussi essentiellement avec une opposition. Mais la différence est que | ce qui est la réalité véritable et l'absolu de la raison éthique est entièrement libre de cette opposition à l'égard de la nature, et qu'elle est identité absolue de l'idéel et du réel. L'absolu est, suivant son Idée, connu comme cette identité de [termes] différents dont la déterminité est, d'un côté, d'être l'unité, de l'autre, la multiplicité, et cette déterminité est idéelle, c'est-à-dire qu'elle est seulement dans l'infinité, suivant le concept qui en a été produit ci-dessus : cette déterminité est tout aussi bien supprimée qu'elle est posée ; chacune, aussi bien l'unité que la multiplicité, dont l'identité est l'absolu, est elle-même unité de l'un et du multiple. Mais l'une, dont la détermination idéelle est la multiplicité, est la subsistance des opposés, la réalité positive, et, pour cette raison, un [5] rapport opposé, doublé, est nécessaire à elle-même. Parce que le réel subsiste en elle, l'identité qu'elle a est une identité relative, et cette identité relative des opposés est la nécessité ; de même qu'elle est donc dans la différence, son rapport même lui aussi, ou l'identité du rapport, doit être quelque chose de différent [de soi] : aussi bien [ceci, à savoir] qu'en lui l'unité est l'élément premier, que [ceci, à savoir] que c'est la multiplicité ; ce rapport double détermine le côté doublé de la nécessité ou du phénomène de l'absolu. Comme ce rapport double échoit à la multiplicité, et si nous nommons l'unité des [termes] différents — qui se tient de l'autre côté et dans laquelle cette réalité dont il a été question ci-dessus, ou le multiple, est supprimée — l'indifférence, l'absolu est l'unité de l'indifférence et du rapport ; et, parce que celui-ci est un rapport doublé, le phénomène de l'absolu est déterminé comme unité de l'indifférence et du rapport ou de l'identité relative dans laquelle le multiple est ce qui est premier, ce qui est positif, — et comme unité de l'indifférence| et du rapport dans lequel l'unité est ce qui est premier et positif ; cette unité-là est la nature phy-

---

5. *O :* « eines » ; il faut lire : « ein » (cf. *W, L, B-P*) .

sique, celle-ci la nature éthique. Et, comme l'indifférence ou l'unité est la liberté, mais que le rapport ou l'identité relative est la nécessité, chacun de ces deux phénomènes est l'être-un et l'indifférence de la liberté et de la nécessité. La substance est absolue et infinie ; dans ce prédicat « infinité », il y a [6] la nécessité de la nature divine ou son phénomène, et cette nécessité s'exprime comme réalité précisément dans un rapport doublé ; chacun des deux attributs exprime lui-même la substance, et il est absolu et infini, ou l'unité de l'indifférence et du rapport ; et, à même le rapport, la différence de ces unités est posée de telle manière que, dans le rapport de l'une, le multiple, dans le rapport de l'autre, l'un, sont, chacun, ce qui est premier ou ce qui est souligné face à l'Autre de chacun d'eux. Mais, parce que, dans la nature éthique elle-même en son rapport, l'unité est ce qui est premier, elle est libre aussi dans cette identité relative, c'est-à-dire dans sa nécessité ; ou, parce que l'identité relative, du fait que l'unité est ce qui est premier, n'est pas supprimée, cette deuxième liberté est déterminée de telle manière que le nécessaire est bien pour la nature éthique, mais est posé négativement. Si maintenant nous isolions ce côté de l'identité relative de la nature éthique, et ne reconnaissions pas l'unité absolue de l'indifférence et de cette identité relative pour | l'essence de la nature éthique, mais le côté du rapport ou de la nécessité, nous nous tiendrions au même point que celui où l'essence de la raison pratique est déterminée comme ayant une causalité absolue, ou [de telle sorte] que cette raison est bien libre et que la nécessité est seulement posée négativement, mais, précisément pour autant, néanmoins posée, ce par quoi précisément cette liberté qu'on a évoquée ne vient pas hors de la différence, [par quoi] le rapport, ou l'identité relative, est constitué en essence, et [par quoi] l'absolu est conçu uniquement comme ce qui est négativement absolu ou comme infinité.

L'expression empirique et populaire par laquelle cette représentation, qui appréhende la nature éthique simplement par le côté de son identité relative, s'est tant recommandée, est que le réel, sous le nom de sensibilité, penchants, faculté inférieure de désirer, etc. (moment de la multiplicité du rapport), est, avec la raison (moment de l'unité pure du rapport), en désaccord (moment de l'opposition de l'unité et de la multiplicité), et que la raison consiste en ceci, [à savoir :] vouloir par [une] auto-

---

6. *O* (cf. *B-P*) : « ist » ; *W, L :* « ist... enthalten ».

activité et autonomie propre absolue, et borner et dominer cette sensibilité dont il a été question (moment de la déterminité de ce rapport, [à savoir] qu'en lui l'unité, ou la négation de la multiplicité, est ce qui est premier). La réalité de cette représentation se fonde sur la conscience empirique et l'expérience universelle de chacun, [à savoir le fait] de trouver en soi-même aussi bien cette dissension indiquée d'abord que cette unité pure de la raison pratique ou l'abstraction du Moi. Il ne peut pas non plus être question de nier ce point de vue, | mais il a été déterminé tout à l'heure comme le côté de l'identité relative, de l'être de l'infini dans le fini ; mais ce qu'il faut affirmer, c'est qu'il n'est pas le point de vue absolu, en tant qu'en celui-ci, comme on l'a fait voir, le rapport se démontre seulement comme un côté, et le fait de l'isoler, donc, comme quelque chose d'uni-latéral, et que, parce que la vie éthique est quelque chose d'absolu, ce point de vue-là n'est pas le point de vue de la vie éthique, mais qu'en lui il n'y a aucune vie éthique. Et, pour ce qui concerne l'appel à la conscience commune, en celle-ci même, la vie éthique elle-même doit se présenter tout aussi nécessairement que ce point de vue-là, lequel, puisque le rapport est isolé pour lui-même, posé comme étant en soi et non pas comme moment, est le principe de la vie non éthique ; la conscience empirique est empirique parce que les moments de l'absolu apparaissent en elle dispersés, les uns à côté des autres, se suivant les uns les autres, fragmentés ; mais elle ne serait aucunement elle-même une conscience commune si la vie éthique ne se présentait pas tout autant en elle ; parmi ces manifestations multiformes de l'éthique et du non-éthique, qui se présentent dans la conscience empirique, cette philosophie formelle dont il a été question avait le choix, et ce n'est pas la faute de la conscience commune, mais de la philosophie, si elle a choisi la manifestation du non-éthique et a cru avoir, dans l'absoluité négative ou dans l'infinité, le véritable absolu.

Sur l'exposition de ce que peut cette absoluité négative, repose le développement de cette philosophie pratique, et il nous faut suivre dans ses moments principaux la tentative fausse visant à faire voir, dans ce qui est négativement absolu, quelque chose de véritablement absolu. |

Il se dégage aussitôt que, puisque l'unité pure constitue l'essence de la raison pratique, il peut être si peu question d'un système de la vie éthique que pas même une pluralité de lois n'est possible, — en tant que ce qui va au-delà du concept pur, ou — parce que celui-ci, dans la mesure où il est posé comme

niant le multiple, c'est-à-dire comme pratique, est le devoir —
ce qui va au-delà du concept pur du devoir, et de l'abstraction
d'une loi, n'appartient plus à cette raison pure, ainsi que Kant [7]
— celui qui a exposé cette abstraction du concept dans sa pureté
absolue — reconnaît très bien que toute matière de la loi
manque à la raison pratique et que celle-ci ne peut ériger en loi
suprême rien de plus que la forme de *l'aptitude* de la maxime
du libre-arbitre [8]. La maxime du libre-arbitre a un contenu et
inclut en elle une déterminité ; la volonté pure, par contre, est
libre de déterminités ; la loi absolue de la raison pratique
consiste à élever cette déterminité-là dans la forme de l'unité
pure, et l'expression de cette déterminité accueillie dans la forme
est la loi. S'il est possible que la déterminité soit accueillie dans
la forme du concept pur, si elle ne se supprime pas du fait de
cette forme, elle est justifiée et, du fait de l'absoluité négative,
elle est elle-même devenue absolue, loi et droit ou devoir. Mais
la matière de la maxime demeure ce qu'elle est, une déterminité
ou singularité ; et l'universalité que lui confère l'accueil dans la
forme est ainsi une unité purement et simplement analytique ;
et si l'unité qui lui est conférée est exprimée, purement comme
ce qu'elle est, dans une proposition, | la proposition est une pro-
position analytique et une tautologie. Et c'est dans la production
de tautologies que consiste, suivant la vérité, le pouvoir sublime
de l'autonomie de la législation de la raison pratique pure ; l'identité pure de l'entendement, exprimée dans le [domaine] théorique
comme la proposition de la contradiction, demeure, si on la
retourne sur la forme pratique, précisément la même chose. Si la
question : « Qu'est-ce que la vérité ? », lorsqu'elle est posée à la
Logique et qu'elle reçoit d'elle une réponse, [«] donne [»] à Kant
[«] le spectacle ridicule que l'un trait le bouc, tandis que l'autre
tient au-dessous une passoire [»] [9], la question : « Qu'est-ce que le
droit et le devoir ? » est posée à cette raison pratique pure dont on
parlait ci-dessus et reçoit d'elle une réponse [telle que l'on est]
dans le même cas. Lorsque Kant reconnaît qu'un critère universel
de la vérité serait celui qui serait valable de toutes les connais-

7. Sur ce point, cf. KANT, *Métaphysique des mœurs*, Introduction, I, *Werke*,
Insel-Verlag, éd. WEISCHEDEL, Wiesbaden, t. IV, p. 318, et aussi *Critique de la
raison pratique*, I, 1, § 4, *ibid.*, pp. 135-136.
8. « Willkühr ».
9. Cf. KANT, *Critique de la raison pure*, A 58, B 82-83, éd. SCHMIDT, Phil. Bibl.,
F. Meiner, p. 100. — C'est le texte même de Kant, que Hegel reproduit ici sans
le mettre entre guillemets, ainsi qu'il le fera, d'ailleurs, pour d'autres textes, dans
la suite de cet article.

sances sans différence de leurs objets, mais qu' [«] il est clair que,
puisque l'on fait, dans son cas, abstraction de tout contenu de
la connaissance, alors que la vérité concerne directement ce
contenu, il est tout à fait impossible et absurde de s'enquérir
de la marque de la vérité de ce contenu des connaissances [»], en
tant que la marque ne doit pas, en même temps, concerner le
contenu des connaissances, — il prononce précisément par là le
jugement sur le principe du devoir et du droit, qui est établi
par la raison pratique. Car elle est l'abstraction absolue de toute
matière de la volonté, [et] par un contenu est posée une hétéro-
nomie du libre-arbitre ; or, c'est précisément l'intérêt que de
savoir ce qui est bien [un] droit et [un] devoir ; on s'enquiert
du contenu de la loi morale, et c'est uniquement ce contenu qui
importe ; mais | l'essence de la volonté pure et de la raison
pratique pure est qu'il soit fait abstraction de tout contenu ; et
ainsi il est en soi contradictoire de chercher une législation
morale, puisqu'elle devrait avoir un contenu, auprès de cette
raison pratique absolue, puisque son essence consiste dans le
fait de n'avoir aucun contenu.

Pour que, ainsi, ce formalisme puisse exprimer une loi, il
est nécessaire que soit posée une matière quelconque, une déterminité, qui constitue le contenu de la loi ; et la forme qui vient
s'ajouter à cette déterminité est l'unité ou universalité ; qu'une
maxime de ta volonté doive valoir en même temps comme principe d'une législation universelle [10], — cette loi fondamentale de
la raison pratique pure exprime qu'une déterminité quelconque,
qui constitue le contenu de la maxime de la volonté particulière,
doit être posée comme [un] concept, comme [un] universel. Mais
chaque déterminité est susceptible d'être accueillie dans la forme
conceptuelle et d'être posée comme une qualité, et il n'y a absolument rien dont on ne pourrait pas faire, de cette manière, une
loi morale. Mais chaque déterminité est en elle-même un particulier et non pas un universel ; la déterminité opposée lui fait
face, et elle n'est déterminité que pour autant qu'une telle déterminité opposée lui fait face. Chacune des deux déterminités est,
de la même manière, susceptible d'être pensée ; parmi les deux,
laquelle est-ce qui doit être accueillie dans l'unité, ou pensée,
laquelle est-ce dont il doit être fait abstraction, c'est là quelque
chose qui est complètement indéterminé et libre ; si l'une est
fixée, comme subsistant en et pour soi, l'autre ne peut,

---

10. Cf. KANT, *Critique de la raison pratique*, I, 1, § 7, éd. cit., p. 140.

certes, être posée ; | mais cette autre peut, aussi bien, être pensée, et, puisque cette forme de la pensée est l'essence, être exprimée comme une loi morale absolue. Que [«] l'entendement le plus commun, sans instruction [»], puisse entreprendre cette opération facile dont il a été question, et [«] puisse distinguer quelle forme dans la maxime se prête ou non à la législation universelle [»], Kant[11] le montre sur l'exemple de la question [de savoir] [«] si la maxime d'accroître ma fortune par tous les moyens sûrs [»], — au cas où un moyen de ce genre se montrerait dans un dépôt, [«] peut valoir comme une loi pratique universelle [»], laquelle maxime aurait ainsi pour contenu, [«] que chacun a le droit de nier un dépôt dont personne ne peut lui prouver qu'il a été confié [»] ; cette question se trancherait d'elle-même, [«] en tant qu'un tel principe, comme loi, s'anéantirait lui-même, parce qu'il ferait qu'il n'y aurait absolument aucun dépôt [»] ; — mais, qu'il n'y ait absolument aucun dépôt, quelle contradiction y aurait-il là-dedans ? Qu'il n'y ait aucun dépôt contredira d'autres déterminités nécessaires, de même que le fait qu'un dépôt soit possible sera en connexion avec d'autres déterminités nécessaires et, par là, sera lui-même nécessaire ; cependant, ce ne sont pas d'autres buts et des raisons matérielles qui doivent être convoqués, mais c'est la forme immédiate du concept qui doit décider de la justesse de la première ou de la deuxième hypothèse ; mais, pour la forme, l'une des déterminités opposées est aussi indifférente que l'autre ; chacune peut être conçue comme une qualité, et cette conception peut être exprimée comme loi. Si la déterminité de la propriété en général est posée, il s'en laisse tirer la proposition tautologique : la propriété | est [la] propriété et par ailleurs rien d'autre, et cette production tautologique est la législation de cette [raison qui est] la raison pratique[12] : la propriété, s'il y a une propriété, doit nécessairement être [la] propriété ; mais si la déterminité opposée, la négation de la propriété, est posée, il se produit, du fait de la législation de cette même raison pratique précisément, la tautologie : la non-propriété est [la] non-propriété ; s'il n'y a aucune propriété, ce qui veut être propriété doit nécessairement être supprimé. Mais c'est justement l'intérêt que de démontrer qu'une propriété doit nécessairement être ; il vise uniquement ce qui réside en dehors du

11. *Ibid.*, I, 1, § 4, éd. cit., p. 136.
12. *O* (cf. *B-P*) : « das Gesetzgeben dieser der praktischen Vernunft » ; *W* : « dieser praktischen Vernunft » ; *L* : « dieser, der praktischen Vernunft ».

pouvoir de cette législation pratique de la raison pure, c'est-à-dire à décider laquelle des déterminités opposées doit être posée ; mais, que cela se soit déjà opéré précédemment et que l'une des déterminités opposées soit posée par avance, la raison pure l'exige, et c'est seulement alors qu'elle peut accomplir sa législation désormais superflue.

Cependant, l'unité analytique et tautologie de la raison pratique n'est pas seulement quelque chose de superflu, mais, dans la tournure qu'elle reçoit, quelque chose de faux, et elle doit nécessairement être reconnue comme le principe de la vie non éthique. Par la simple admission d'une déterminité dans la forme de l'unité, la nature de l'être de cette déterminité doit changer ; et la déterminité qui, suivant sa nature, a en face d'elle une autre déterminité, l'une de ces déterminités étant la négation de l'autre et, précisément pour cette raison, aucune n'étant quelque chose d'absolu, (et il est, pour la fonction de la raison pratique, indifférent que ce soit l'une ou l'autre des deux, car elle donne simplement la forme vide), doit, par cette liaison avec | la forme de l'unité pure, être érigée elle-même en déterminité absolue, en loi et devoir ; mais là où une déterminité et singularité est élevée au rang d'un en-soi, là est posée une atteinte à la raison [13], et, relativement à l'[élément] éthique, une négation de la vie éthique [14]. — Cette transformation du conditionné, de l'irréel, en quelque chose d'inconditionné et d'absolu peut facilement être connue dans son caractère illégitime et découverte en sa voie tortueuse. La déterminité, accueillie dans la forme de l'unité pure ou de l'identité formelle, produit, si le concept déterminé est exprimé comme proposition, la tautologie de la proposition formelle : la déterminité A est la déterminité A. La forme, ou, dans la proposition, l'identité du sujet et du prédicat, est quelque chose d'absolu, mais seulement un [être] négatif ou formel, qui ne concerne en rien la déterminité A elle-même ; ce contenu est, pour la forme, quelque chose d'absolument hypothétique. L'absoluité qui est dans la proposition, suivant la forme de celle-ci, obtient, toutefois, dans la raison pratique, une tout autre signification ; elle est, en effet, transportée aussi sur le contenu, qui, suivant sa nature, est quelque chose de conditionné, et ce quelque chose qui est non absolu, conditionné, [est], contrairement à son essence, élevé, du fait

---

13. « Vernunftwidrigkeit ».
14. « Unsittlichkeit ».

de ce mélange dont il a été question ci-dessus, au rang d'un absolu. Ce n'est pas l'intérêt pratique que de produire une tautologie, et, pour cette forme oiseuse, qui est pourtant son unique force, on ne ferait pas tant de bruit de la raison pratique ; mais, par le mélange de la forme absolue avec la matière conditionnée, à l'[être] non réel, conditionné, du contenu, est, à l'improviste, subrepticement attribuée [15] l'absoluité de la forme, et c'est dans ce renversement et [ce] tour de passe-passe [16] que réside le nerf | de cette législation pratique de la raison pure ; à la proposition : la propriété est [la] propriété, on attribue subrepticement, au lieu de sa signification véritable : l'identité qu'exprime cette proposition dans sa forme est absolue, la signification : sa matière, à savoir la propriété, est absolue ; et aussitôt on peut faire de chaque déterminité un devoir. Le libre-arbitre a le choix entre des déterminités opposées, et ce serait seulement un manque d'habileté si, à une action quelconque, ne pouvait être trouvée aucune raison de ce genre, raison qui n'a plus seulement, comme chez les Jésuites, la forme d'une raison probable, mais reçoit la forme · d'un droit et d'un devoir ; et ce formalisme moral ne va pas au-delà de l'artifice moral des Jésuites et des principes de la doctrine de la félicité, qui coïncident.

Il faut ici bien noter que l'accueil de la déterminité dans le concept est compris de telle manière que cet accueil est quelque chose de formel, ou que la déterminité doit subsister, donc que matière et forme se contredisent, parmi elles celle-là étant déterminée, celle-ci infinie. Mais si le contenu était véritablement égalé à la forme, — la déterminité à l'unité, aucune législation pratique n'aurait lieu, mais seulement un anéantissement de la déterminité. Ainsi, la propriété elle-même est immédiatement opposée à l'universalité ; égalée à elle, elle est supprimée. Immédiatement, cet anéantissement de la déterminité par l'accueil dans l'infinité, l'universalité, est une gêne aussi pour la législation pratique ; car, si la déterminité est d'une espèce telle | qu'elle exprime elle-même la suppression d'une déterminité, alors, par l'élévation de la suppression dans l'universel ou dans l'être-supprimé, aussi bien la déterminité qui est à supprimer que la suppression sont anéanties ; ainsi une maxime qui se rapporte à une telle déterminité qui, pensée dans l'universalité, s'anéantit, ne serait pas

---

15. « unversehens... untergeschoben ».
16. « Taschenspielerey ».

susceptible de devenir [le] principe d'une législation universelle,
et donc [serait] immorale. Ou [encore] : le contenu de la
maxime, qui est la suppression d'une déterminité, élevé dans le
concept, se contredit lui-même ; si la déterminité est pensée
comme supprimée, sa suppression disparaît ; ou bien cette
déterminité doit subsister, alors, à nouveau, la suppression qui,
dans la maxime, est posée, n'est pas posée ; et, que la déterminité, ainsi, subsiste ou non, en aucun cas sa suppression n'est
possible. Mais une maxime qui est, suivant le principe, parce
qu'elle se contredit, immorale, est, puisqu'elle exprime la suppression d'une déterminité, absolument rationnelle, et donc absolument morale ; car le rationnel est, par son côté négatif,
l'indifférence des déterminités, l'être-supprimé du conditionné.
Ainsi, la déterminité de venir en aide aux pauvres exprime la
suppression de la déterminité qu'est la pauvreté ; la maxime
dont le contenu est cette déterminité-là, mise à l'épreuve par
l'élévation de cette dernière au rang de principe d'une législation
universelle, se montrera comme fausse, car elle s'anéantit elle-
même. Si l'on pense qu'il est venu en aide aux pauvres universellement, alors il n'y a ou bien absolument plus aucun pauvre,
ou bien que des pauvres — et alors il ne reste personne qui
puisse venir en aide [aux pauvres] —, et ainsi, dans les deux
cas, l'aide disparaît ; ainsi la maxime, pensée comme | univer-
selle, se supprime elle-même ; mais, si la déterminité qui est la
condition de la suppression, à savoir la pauvreté, devait subsister,
la possibilité de l'aide demeure, mais comme possibilité, non
comme effectivité, ainsi que la maxime l'énonce ; si la pauvreté
doit subsister, afin que le devoir de venir en aide aux pauvres
puisse être pratiqué, alors, du fait qu'on laisse ainsi subsister
la pauvreté, le devoir, d'une façon immédiate, n'est pas rempli.
Ainsi, la maxime de défendre avec honneur sa patrie contre des
ennemis, et une infinité d'autres encore, se suppriment [si elles
sont] pensées comme principe d'une législation universelle ; car
celle-là, par exemple, ainsi étendue, supprime aussi bien la déterminité d'une patrie que celle des ennemis, et [que] celle de la
défense.

   Aussi peu que l'unité a la signification négative pure de la
simple suppression des déterminités, aussi peu est-elle l'unité
véritable de l'intuition ou l'indifférence positive des déterminités ;
et la comparaison avec celle-ci rendra plus claire, par un autre
côté, l'essence renversée de cette unité-là. Cette unité de la raison
pratique, en effet, est essentiellement affectée d'une différence,
soit qu'elle soit posée comme la fixation d'une déterminité,

d'autres [déterminités] étant alors, par celle-ci, immédiatement exclues, posées négativement, — ou bien comme proposition analytique, l'identité de cette dernière, cette forme qui est la sienne, contredisant alors son contenu. Ce qui peut encore être saisi ainsi : la proposition analytique contredit, comme proposition, avec son contenu, l'exigence qui s'adresse à la proposition, d'être un jugement ; avec la proposition, quelque chose devrait être dit, mais, avec la proposition identique, rien n'est dit, car elle n'est pas un jugement, parce que le rapport du sujet au prédicat est simplement formel, et qu'absolument aucune différence de ceux-ci | n'est posée. Ou [encore,] si l'unité vient à être prise comme universalité, elle a entièrement [et] absolument rapport à une multiplicité variée empirique, et la déterminité est, en tant que présente, opposée à une multitude infinie de déterminités empiriquement autres. L'unité de l'intuition, au contraire, est l'indifférence des déterminités qui constituent un tout, non pas une fixation de ces déterminités en tant que séparées et opposées, mais une concentration et objectivation de ces déterminités [17] ; et par là, puisque cette indifférence et les déterminités différentes sont absolument réunies, elle n'est pas une séparation — de celle-là comme possibilité, de celles-ci comme effectivités, ou de celles-ci elles-mêmes, pour une part comme possibles, pour une autre part comme effectives, mais [elle est] présence absolue. Et dans cette force de l'intuition et de la présence réside la force de la vie éthique en général, et naturellement aussi de la vie éthique en particulier qui intéresse avant tout cette raison législative considérée plus haut, et dont il y a, bien plutôt, à écarter sans réserve précisément cette forme — dont il était question — du concept, de l'unité formelle et de l'universalité ; car c'est précisément par cette forme que l'essence de la vie éthique est immédiatement supprimée, en tant que, de ce qui est nécessaire éthiquement, par ceci qu'elle le fait apparaître dans l'opposition à l'égard d'autre chose, elle fait un contingent ; mais le contingent, dans la vie éthique, — et le contingent ne fait qu'un avec ce qui est empiriquement nécessaire —, est non-éthique. Une douleur qui est, est élevée, par la force de l'intuition, hors de l'impression sensible en laquelle elle est un accident et un contingent, dans l'unité et dans la figure de ce qui est un [être] objectif et un [être] nécessaire étant pour soi, et, par cette unité immédiate qui ne pense pas à droite et

---

17. « sondern ein Zusammenfassen und Objectiviren derselben ».

à gauche à des possibilités que l'unité formelle | entraîne avec elle [18], [elle est] conservée dans sa présence absolue, mais, par l'objectivité de l'intuitionner et l'élévation dans cette unité de l'être-pour-soi, [elle est] séparée véritablement du sujet et, dans l'intuitionner fixe de cette unité de l'être-pour-soi, rendue idéelle, — alors que, par contre, comparée, moyennant l'unité de la réflexion, avec d'autres déterminités, ou pensée comme un universel, et non pas trouvée universelle, elle est, des deux façons, rendue contingente, et que, par là, le sujet se connaît simplement dans sa contingence et particularité, laquelle connaissance est la réceptivité sentimentale [19] et l'être-non-éthique de l'impuissance. Ou [encore], si l'[élément] éthique se rapporte à des relations d'individus à individus, c'est la pure intuition et idéalité — existant, par exemple, dans le fait de confier un dépôt — qui est à maintenir ferme et dont il y a à écarter l'immixtion de l'unité formelle et de la pensée de la possibilité d'autres déterminations ; l'expression de cette unité — dont il a été question — de l'intuition : une propriété d'un autre qui m'est confiée est la propriété d'un autre qui m'est confiée, et par ailleurs rien d'autre, a une tout autre signification que la tautologie, qui exprime universellement, de la législation pratique : une propriété étrangère qui m'est confiée est une propriété étrangère qui m'est confiée ; car à cette proposition fait face tout aussi bien cette autre : une non-propriété de l'autre qui m'est confiée est une non-propriété de l'autre ; c'est-à-dire qu'une déterminité qui est élevée dans le concept est par là idéelle, et que la déterminité opposée à elle peut tout aussi bien être posée. Par contre, l'expression de l'intuition contient un *ceci*, — une relation vivante et une présence absolue, avec laquelle la possibilité elle-même est liée sans réserve, et | [telle qu']une possibilité séparée d'elle ou un être-autre est anéanti sans réserve, en tant que dans cet être-autre possible réside la négation de la vie éthique.

Si, alors, l'unité de la raison pratique n'était pas non plus cette unité positive de l'intuition, mais avait uniquement la signification négative d'anéantir le déterminé, elle exprimerait purement l'essence de la raison négative ou de l'infinité, du concept absolu. Mais, parce que l'infinité est fixée et séparée de l'absolu, elle se révèle, dans son essence, être le contraire d'elle-

---

18. O : « berbeyführt » ; il faut lire, bien sûr : « herbeyführt » (cf. *W, L, B-P*).
19. « die Empfindsamkeit ».

même, et elle mystifie la réflexion qui veut la tenir ferme et saisir en elle une unité absolue, en ce qu'elle suscite purement et simplement aussi le contraire de celle-ci, une différence et multiplicité, et, de la sorte, entre les termes de cette opposition qui se reproduit à l'infini, permet seulement une identité relative, et ainsi est elle-même, en tant qu'infinité, le contraire d'elle-même, absolue finitude. Et, en tant qu'elle est ainsi isolée, elle n'est elle-même que la forme sans force, délaissée par la puissance véritablement anéantissante de la raison, [forme] qui accueille en elle et héberge les déterminités sans les anéantir, et [qui], au contraire, les éternise.

C'est de l'opposition présentée, de sa fixation comme une réalité et de sa liaison incomplète en tant qu'une identité relative, que dépend la détermination moderne du concept du droit naturel et de sa situation dans la totalité de la science de l'[élément] éthique ; et il nous faut considérer ce qui a été jusqu'à maintenant analysé en général, sous ce rapport plus précis, [à savoir] comment la | séparation insurmontable une fois posée apparaît dans la science du droit naturel en sa manière propre.

Le concept absolu, qui est le principe de l'opposition et l'opposition elle-même, se présente, lui qui est fixé, dans la séparation, de telle façon qu'il est, en tant qu'unité pure, opposé à soi en tant que multiplicité, — de façon qu'il reste, aussi bien sous la forme de l'unité pure que sous celle de la multiplicité pure, le concept absolu, [et qu'] ainsi, dans la forme de la multiplicité, [il] ne soit pas une pluralité multiforme de concepts diversement déterminés, mais [que], comme sous l'unité, [il] soit, de même, subsumé aussi sous la multiplicité ; dans de multiples concepts déterminés *il* subsume, et [il] n'est pas un multiple, mais un Un. Le concept absolu, en tant qu'[il est] lui-même une multiplicité, est une multitude de sujets ; et à ceux-ci il est opposé, dans la forme de l'unité pure, comme absolue quantité, face à cet être-posé qualitatif qui est le sien. Il y a ainsi deux [moments] de posés, un être-un intérieur des opposés, qui est l'essence des deux, le concept absolu, et un être-séparé de celui-ci sous la forme de l'unité, dans laquelle il est droit et devoir, et sous la forme de la multiplicité, dans laquelle il est sujet pensant et voulant. Le premier côté indiqué d'abord, suivant lequel l'essence du droit et du devoir, et l'essence du sujet pensant et voulant, ne font absolument qu'un, est — comme, en général, l'abstraction plus haute de l'infinité — le grand côté de la philosophie kantienne et fichtéenne ; cependant, elle n'est pas restée fidèle à cet être-un, mais, en le reconnaissant, il est vrai, comme l'essence et comme l'absolu, elle pose tout aussi absolument la séparation en un Un et en un multiple, et l'un [des moments] avec une égale dignité à côté de l'autre ; de ce fait, ce n'est pas, aussi bien, | l'absolu positif qui constituerait l'essence des deux et dans lequel ils ne feraient qu'un, mais l'absolu négatif ou le concept absolu, — tout comme cet être-un nécessaire dont il a été question devient formel, et comme les deux déterminités opposées, posées comme absolues, tombent par là, en leur subsistance, sous l'idéalité, qui, dans cette mesure, est la simple possibilité des deux ; il est possible que [ce qui est] droit et devoir, de façon indépendante, en tant qu'un particulier, [en étant] séparé des sujets, et les sujets, [en étant] séparés de ce qui est droit et devoir, aient une réalité ; mais il est aussi possible que les deux [éléments] soient liés. Et il est absolument nécessaire que ces deux possibilités existent de façon particulière et soient différenciées, de telle sorte que chacune fonde une science propre : l'une, qui concerne l'être-un du concept pur et des sujets, ou la moralité des actions, — l'autre, qui concerne le non-être-un, ou la légalité ; et cela de telle sorte que, si, dans cette séparation de l'[élément] éthique en moralité et légalité, ces deux [dernières] deviennent de simples possibilités, précisément pour cette raison toutes deux sont également positives. L'une est pour l'autre, il est vrai, négative ; mais toutes deux sont telles ; l'une n'est pas l'absolument-positif, l'autre [n'est pas] absolument le négatif ; mais chacune est les deux dans la relation de l'une à l'autre, et, du fait que, en premier lieu, toutes deux sont seulement relativement positives, ni la légalité ni la moralité ne sont absolument positives ou véritablement éthiques ; et ensuite, puisque toutes deux sont aussi positives l'une que l'autre, toutes deux sont absolument nécessaires, et la possibilité que le pur concept et le sujet du devoir et du droit ne soient pas un doit être posée irrévocablement et sans réserve.

Les concepts fondamentaux du système de la légalité se dégagent de là immédiatement, de la manière suivante : il est [une] condition de la | pure conscience de soi, — et cette pure conscience de soi, le Moi, est l'essence vraie et l'absolu, en dépit de quoi, toutefois, elle est conditionnée, et sa condition est qu'elle progresse jusqu'à une conscience réelle, — [deux formes de la conscience] qui [20], dans ce rapport de l'être-conditionné [qu'elles

---

20. Cf. *L* : « [zwei Formen des Bewusstseins,] welche ».

ont] l'une à l'égard de l'autre, restent absolument opposées entre elles ; cette pure conscience de soi qu'on a évoquée d'abord, l'unité pure, ou la loi morale vide, la liberté universelle de tous, est opposée à la conscience réelle, c'est-à-dire au sujet, à l'être raisonnable, à la liberté singulière ; ce que Fichte, d'une manière plus populaire, exprime comme la présupposition que fidélité et foi vont se perdre ; et sur cette présupposition est fondé un système par lequel, en dépit de la séparation du concept et du sujet de la vie éthique, mais, précisément pour cette raison, seulement de façon formelle et extérieure — et ce rapport s'appelle *la contrainte* —, tous deux doivent être réunis [21]. En tant que, par là, cette extériorité de l'être-un [22] est absolument fixée et posée comme quelque chose qui est [un] être-en-soi absolu, l'intériorité, la reconstruction de la fidélité et foi perdue, l'être-un de la liberté universelle et de la liberté individuelle, et la vie éthique, sont rendus impossibles.

Dans le système d'une telle extériorité — et nous nous référons ici à l'exposition fichtéenne comme à la plus conséquente [avec soi], qui est la moins formelle, mais essaie [de réaliser] effectivement un système conséquent [avec soi] qui n'aurait pas besoin de la vie éthique et religieuse étrangère à lui —, comme dans tout ce qui progresse de conditionné à conditionné, ou bien aucun inconditionné ne peut être montré, ou bien, si un tel inconditionné est posé, il est l'indifférence formelle qui a hors d'elle-même le différent [qui est] conditionné,

---

21. Cf. FICHTE, *Grundlage des Naturrechts*, § 14, *SW 3*, pp. 139 sqq. : « Dès que la fidélité et la foi [Treue und Glauben] entre des personnes qui vivent ensemble sont allées se perdre, leur sécurité mutuelle et tout rapport de droit entre elles sont devenus impossibles... Fidélité et foi ne peuvent, une fois qu'elles sont allées se perdre, être restaurées ; car, ou bien la situation peu sûre des deux [Moi] se prolonge, [et] la méfiance se communique mutuellement et s'accroît du fait de la précaution dont chacun voit l'autre user ; ou bien éclate entre eux une guerre, qui n'est jamais un état de droit et dans laquelle tous deux trouveront sans cesse, chacun de leur côté, suffisamment de motifs de douter de l'intention du droit chez l'autre partie » (pp. 139-140)... « *Si, par conséquent, on pouvait atteindre une disposition agissant de façon efficiente avec une causalité mécanique,* du fait de laquelle il résulterait, de toute action contraire au droit, le contraire du but qu'elle se propose, par une telle disposition la volonté serait forcée à vouloir seulement ce qui est conforme au droit ; par ce dispositif, la sécurité, après la perte de la fidélité et de la foi, serait restaurée, et la volonté bonne rendue non indispensable pour la réalisation du droit, en tant que la volonté mauvaise et désirant des choses étrangères serait, précisément par son propre désir non conforme au droit, conduite au même but. Une disposition telle que celle qui a été décrite s'appelle une *loi de la contrainte* [Zwangsgesetz]. » (p. 142).

22. *O* (cf. *W*) : « des Einsseyn » ; il faut lire : « des Einsseyns » (cf. *L, B-P*).

essence sans forme, | puissance sans sagesse, quantité sans qualité intérieure ou infinité, repos sans mouvement.

La tâche suprême, dans le cas de la [«] disposition agissant de façon efficiente avec une causalité mécanique [»] [23], [à savoir] que l'activité efficiente de chaque volonté singulière soit contrainte par la volonté universelle, est celle-ci : comment faire pour que, nécessairement, cette volonté universelle soit réelle dans les sujets qui sont ses organes et ses administrateurs ? — tâche [relativement] à laquelle est présupposée l'opposition de la volonté singulière à l'égard de la volonté universelle ; l'être-un avec la volonté universelle ne peut pas, de ce fait, [être] appréhendé et posé [24] comme majesté intérieure absolue, mais comme quelque chose qui doit être suscité par le moyen d'un rapport extérieur ou [d'une] contrainte. Mais ici, en réalité, dans la progression — qui est à poser — de la contrainte et de la surveillance [25], il n'est pas possible de progresser en des séries infinies et de faire le saut du réel à l'idéel ; il faut qu'il y ait un point positif suprême à partir duquel commence la contrainte suivant le concept de la liberté universelle ; mais ce point doit nécessairement être, comme tous les autres points, contraint à [son acte, consistant en] ce qu'il contraint ainsi suivant le concept de la liberté universelle ; un point qui, dans ce système universel de la contrainte, ne serait pas contraint, se placerait hors du principe et serait transcendant. La question est donc maintenant [de savoir] comment cette volonté suprême devient, de même, par le fait d'une contrainte et d'une surveillance, conforme au concept de la volonté universelle, — et comment, ainsi, le système reste entièrement immanent et transcendantal. Ce qui ne saurait se produire autrement si ce n'est que la puissance du tout soit répartie dans les deux côtés qui se font face l'un à l'autre, de telle sorte que ce qui est gouverné soit contraint par le gouvernement, et le gouvernement par ce qui est gouverné. | Si la puissance, et, par là, la contrainte possible émanant des deux côtés, est posée selon une intensité inégale, alors, d'autant plus que l'une des parties a davantage de force que l'autre, ou à cause de l'excédent des deux, seule une partie, et non pas la partie opposée, est contrainte, ce qui ne doit pas être. Mais, à propre-

---

23. Cf. FICHTE, *Grundlage des Naturrechts*, § 14, *SW 3*, p. 142 (voir, ci-dessus, note 21). Sur la suite du texte de Hegel, cf. *ibid.*, §§ 14-16, *SW 3*, pp. 170 sqq.
24. *O :* « aufgefasst und gesetzt » ; *W :* « aufgefasst und gesetzt seyn » ; *L, B-P :* « aufgefasst und gesetzt werden ».
25. « des Zwingens und Aufsehens ».

ment parler, seule la partie supérieure en puissance [26] est la partie puissante, car, pour que quelque chose soit [une] limite pour ce qui est autre, il doit lui être égal ; la partie la plus faible [des deux], par suite, n'est pas une limite pour celle-là ; toutes deux doivent ainsi réciproquement être contraintes et se contraindre avec une force égale. Mais, si, de cette manière, action et réaction, insistance et résistance [27], sont également fortes, la puissance bilatérale se réduit à l'équilibre, [et] par là est supprimée toute activité, extériorisation de la volonté et pratique ; [et cela,] que la réduction soit pensée positivement ou négativement, [en tant] que l'action et la réaction sont posées comme étant, agissant de façon efficiente, ou qu'elles sont posées négativement et que l'équilibre existe pour autant que pas plus un agir qu'un réagir ne seraient présents. Vouloir remédier à cette mort en faisant que l'être-face-à-face immédiat soit étendu en un cercle d'actions efficientes, et qu'ainsi, apparemment, le centre du contact et le point dans lequel la réduction des opposés apparaît soient supprimés par l'acte trompeur de rendre vide ce centre, est tout aussi peu un expédient vrai. Face à la hiérarchie — descendant du pouvoir suprême à travers ses ramifications — de la contrainte [s'étendant] jusqu'à toutes les singularités, une semblable pyramide doit, en retour, à partir de celles-ci, s'élever vers le haut à une pointe suprême de la contre-pression [exercée] à l'encontre de la pyramide descendante, et ainsi le tout doit s'incurver en un cercle dans lequel l'immédiateté du contact disparaîtrait, | les forces, pour autant qu'elles font masse, seraient retenues les unes en dehors des autres, et, par le moyen de membres intermédiaires, cette différence artificielle dont il a été question ci-dessus serait suscitée, et ainsi aucun membre ne réagirait immédiatement sur celui par lequel il est mû (en tant que, par là, naît la réduction à l'équilibre), mais toujours sur un autre que celui par lequel il est mû, de telle sorte qu'ainsi le premier mouvrait le dernier, et le dernier, en retour, le premier. Mais un tel *perpetuum mobile*, dont les parties doivent toutes se mouvoir successivement chacune à leur tour, se pose, au lieu de se mouvoir, aussitôt en un équilibre parfait et devient un *perpetuum quietum* parfait, car pression et contre-pression, contraindre et être-contraint sont [28] parfaitement égaux entre eux, et [ils] se font face tout aussi immédiatement et produisent

---

26. *O* (cf. *B-P*) : « der übermächtige... » ; *W, L :* « der Übermächtige... ».
27. « Stand und Widerstand ».
28. *O* (cf. *B-P*) : « ist » ; il faut lire : « sind » (cf. *W, L*).

la même réduction des forces que dans la première représentation ; la quantité pure ne se laisse pas abuser par une telle médiateté, par laquelle n'est apportée en elle absolument aucune différence ou vraie infinité et forme, mais elle reste, comme tout à l'heure, une puissance pure sans figure qui est entièrement inséparée. De cette manière, à l'encontre de la puissance, afin qu'elle soit conforme au concept de la liberté universelle, aucune contrainte n'est possible ; car on ne peut découvrir en dehors d'elle aucun pouvoir, et poser en elle-même aucune séparation.

C'est pourquoi on se réfugie dans une différenciation totalement formelle ; le pouvoir *effectif* est assurément posé comme un et [posé] réuni dans le gouvernement ; mais ce qui lui est opposé, c'est le pouvoir *possible*, et cette possibilité doit, comme telle, être capable de contraindre cette effectivité-là. A cette deuxième existence sans pouvoir de la volonté commune doit, en effet, échoir le jugement appréciant | si le pouvoir a abandonné la volonté commune en son être premier, à laquelle il est lié, si le pouvoir n'est plus conforme au concept de la liberté universelle ; cette volonté commune [29] doit surveiller le pouvoir suprême en général et, dès que chez lui une volonté privée prend la place de la volonté universelle, lui arracher le pouvoir ; et la façon dont cela doit se produire doit être une proclamation publique, ayant une efficience absolue, de l'entière nullité de toutes les actions du pouvoir politique suprême à partir de cet instant. Que le pouvoir se sépare, par un jugement propre, de soi-même, ce qui serait l'insurrection, ne doit pas, ne peut pas, se produire ; car ce pouvoir pur n'est composé que de volontés privées, qui ne peuvent donc pas se constituer comme volonté commune. Mais c'est cette deuxième volonté commune évoquée ci-dessus qui proclamerait cette multitude comme communauté ou [qui proclamerait] le pouvoir pur aussi réuni avec l'Idée de la volonté universelle, du moment que cette volonté universelle n'est plus présente dans les précédents détenteurs du pouvoir. Quelle que soit la déterminité posée par laquelle une contrainte quelconque doit être exercée à l'encontre du pouvoir suprême, il faudrait qu'avec cette déterminité soit lié, non pas la simple possibilité, mais un pouvoir réel ; cependant, comme celui-ci est dans les mains de l'autre représentation de la volonté commune, cette représentation est capable de faire obstacle à toute déter-

---

29. Pour éviter toute confusion, nous traduisons ici le pronom allemand « er » par le nom qu'il remplace : « der gemeinsame Wille ».

minité de ce genre, et, quelles que soient les fonctions dont serait chargé [30] l'éphorat — le contrôle, la proclamation publique de l'interdit, et quelques formalités qu'on aille imaginer —, de [les] réduire à néant ; et cela, avec le même droit qu'auraient ceux dans les mains desquels serait posée l'activité efficiente de cette déterminité, car ces éphores ne sont pas moins en même temps des volontés privées que cette autre représentation de la volonté commune, et, [sur la question de savoir] si la volonté privée de ces éphores s'est séparée de la volonté universelle,| le gouvernement peut juger aussi bien que l'éphorat peut le faire au sujet du gouvernement, et en même temps il peut faire valoir absolument ce jugement. Comme c'est bien connu, dans le cas de la dissolution, entreprise [31] dans les temps modernes par un gouvernement, d'un pouvoir législatif rivalisant [avec lui] et le paralysant, un homme qui, lui-même, y avait été impliqué, a, au sujet de l'idée pouvant venir à l'esprit, que l'instauration d'une commission de contrôle analogue à l'éphorat fichtéen aurait empêché un tel acte de violence, jugé à bon droit qu'un tel conseil disposant du contrôle et voulant s'opposer au gouvernement aurait été traité en subissant la même violence. — Mais, pour finir, si les détenteurs suprêmes du pouvoir voulaient de bon gré permettre à ces seconds représentants de la volonté universelle de convoquer la communauté, afin que celle-ci jugeât entre eux et les gens chargés du contrôle, que pourrait-on faire avec une telle plèbe qui, surveillée aussi en tout ce qui est chose privée, mène encore moins une vie publique, et qui, par là, n'est absolument pas formée à la conscience de la volonté universelle et à l'agir dans l'esprit d'un tout, mais seulement au contraire [de cela].

Ce qui a, par là, été montré, c'est que l'[élément] éthique qui est posé uniquement suivant le rapport — ou l'extériorité et la contrainte —, [s'il est] pensé comme totalité, se supprime lui-même ; il est par là démontré, en vérité, que la contrainte n'est rien de réel, rien en soi, mais ceci deviendra encore plus clair si nous le montrons en elle-même, suivant son concept, et suivant la déterminité qu'a le rapport [constitutif] de cette relation, — car, que le rapport| n'est absolument rien en soi, pour une part la dialectique a à le démontrer, pour une autre part cela a été exposé brièvement ci-dessus [32].

30. *O* (cf. *B-P*) : « aufgetragen seyn » ; il faut lire : « aufgetragen seyen » (cf. *W, L*).

31. *O :* « bei einer... vorgenommene Auflösung » ; il faut lire : « bei einer... vorgenommenen Auflösung » (cf. *W, L, B-P*).

32. Cf. ci-dessus, pp. 31 sqq.

Des concepts en général qui se rattachent à la contrainte et expriment précisément ce rapport, il a été en partie déjà montré qu'ils sont des abstractions sans essence, des choses-de-pensée ou des êtres [nés] de l'imagination, [qu'ils sont] sans réalité ; se présente, pour commencer, l'abstraction — relevant du néant — d'un concept de la liberté universelle de tous, qui serait séparée de la liberté des [individus] singuliers, ensuite, de l'autre côté, précisément cette liberté de l'[individu] singulier, tout autant isolée ; chacune, posée pour elle-même, est une abstraction sans réalité ; mais, [étant] toutes deux absolument identiques et [étant] alors posées simplement à même cette identité première qui se trouve au fondement, elles sont quelque chose de tout autre que ces concepts dont on vient de parler, qui ont leur signification uniquement dans la non-identité. Ensuite, la liberté naturelle ou originelle doit se limiter par le concept de la liberté universelle ; mais cette liberté-là, qui doit être posée comme limitable, n'est, précisément pour cette raison, à son tour, rien d'absolu ; et ensuite, il est en soi contradictoire de composer une idée selon laquelle, avec une nécessité absolue, la liberté de l'[individu] singulier serait, moyennant l'extériorité de la contrainte, conforme au concept de la liberté universelle, ce qui ne signifie rien d'autre si ce n'est que l'on se représente que le singulier serait, moyennant quelque chose de non absolu[33], pourtant absolument égal à l'universel. Dans le concept de la contrainte même, est immédiatement posé quelque chose d'extérieur pour la liberté, mais une liberté pour laquelle il y aurait quelque chose de véritablement extérieur, étranger, n'est pas une liberté ; son essence et sa définition formelle sont précisément qu'il n'y a rien d'absolument extérieur. |

Il faut complètement rejeter la vision de la liberté suivant laquelle elle doit être un choix entre des déterminités opposées, de telle sorte que, si + A et — A étaient donnés, elle consisterait en ceci, [à savoir :] se déterminer[34] *ou bien* comme + A *ou bien* comme — A, et serait absolument liée à ce *ou bien* — *ou bien*. Quelque chose comme cette possibilité du choix est purement et simplement une liberté empirique, laquelle ne fait qu'un avec la nécessité empirique commune et n'est absolument pas

---

33. *O :* « durch etwas nichts absolutes » ; il faut lire : « durch etwas nicht absolutes » (cf. *W, L. B-P*).
34. *O :* « sich bestimmen » ; il faut lire : « sich zu bestimmen » (cf. *W, L, B-P*).

séparable d'elle. Elle[35] est bien plutôt la négation ou l'idéalité des opposés, aussi bien du + A que du — A, l'abstraction de la possibilité qu'aucun des deux ne soit ; un extérieur ne serait pour elle que dans la mesure où elle serait déterminée uniquement comme + A ou uniquement comme — A ; mais elle est justement le contraire de cela et rien d'extérieur n'est pour elle, et ainsi, pour elle, aucune contrainte n'est possible.

Chaque déterminité est, suivant son essence, ou bien + A ou bien — A ; et au + A est enchaîné indissolublement le — A, de même qu'au — A le + A ; dès que l'individu s'est posé dans la déterminité du + A, il est aussi lié à — A, et — A est un extérieur pour lui et n'est pas sous son pouvoir ; mais il serait, à cause de la liaison absolue du + A avec — A, immédiatement, du fait de la déterminité de + A, sous un pouvoir étranger [, celui] du — A, et la liberté qui consisterait dans le choix de se déterminer ou bien comme + A ou bien comme — A ne sortirait absolument pas de la nécessité. Si elle se détermine comme + A, elle n'a pas anéanti — A, mais il subsiste de façon absolument nécessaire comme un extérieur pour elle, et de même, inversement, si elle se détermine comme — A. | Elle est uniquement liberté en ce qu'elle réunit positivement ou négativement — A avec + A, et ainsi elle cesse d'être dans la déterminité + A ; dans la réunion des deux déterminités, toutes deux sont anéanties ; +A — A = 0. Si ce néant est pensé seulement relativement à + A et — A, [si] le A indifférent est pensé lui-même comme une déterminité, et [si] un + ou — est pensé face à un autre — ou +, la liberté absolue est aussi bien élevée au-dessus de cette opposition qu'au-dessus de toute autre opposition et de toute extériorité ; et [elle est] entièrement à l'abri de toute contrainte, et la contrainte n'a pas la moindre réalité.

Mais cette Idée de la liberté paraît elle-même être une abstraction, et, s'il était question, par exemple, d'une liberté concrète, de la liberté de l'individu, cet être — dont on a parlé — d'une déterminité serait posé, et, avec lui, une simple liberté empirique en tant qu'une possibilité du choix, et donc aussi une nécessité empirique et la possibilité de la contrainte, d'une façon générale l'opposition[36] de l'universalité et de la singularité.

35. C'est-à-dire la liberté.

36. O (cf. B-P) : « und die Möglichkeit des Zwangs überhaupt die Entgegensetzung... gesetzt » ; W : « und die Möglichkeit des Zwangs überhaupt, die Entgegensetzung... gesetzt » ; L : « und die Möglichkeit des Zwangs, überhaupt die Entgegensetzung... gesetzt », — nous faisons nôtre cette dernière leçon.

Car l'individu est une singularité, et la liberté est un anéantissement de la singularité ; par la singularité, l'individu est
immédiatement sous des déterminités, par là un extérieur est
présent pour lui, et par là une contrainte est possible. Mais une
chose est de poser des déterminités dans l'individu sous la
forme de l'infinité, autre chose est de les poser absolues en lui.
La déterminité, sous la forme de l'infinité, est par là en même
temps supprimée ; et l'individu est seulement comme être libre ;
c'est-à-dire que, en tant que des déterminités sont, en lui, posées,
il est l'indifférence absolue de ces déterminités, et en cela
consiste, formellement, sa nature éthique ; de même qu'en ceci —
[à savoir] que, pour autant que les individus | en général, que ce
soit à l'égard d'eux-mêmes ou de quelque chose d'autre, sont
différents et ont une relation à un extérieur, cette extériorité
soit elle-même indifférente et une relation vivante — consiste
l'organisation, et, par là, puisqu'il n'est de totalité que dans
l'organisation, le positif de la vie éthique. — Mais l'indifférence
de l'individu en tant que singulier est, relativement à l'être des
déterminités, une indifférence négative ; mais là où, effectivement, est posé son être en tant que singularité, c'est-à-dire une
négation insurmontable pour lui positivement, une déterminité
par laquelle l'extérieur, comme tel, se maintient fixement, il ne
lui reste que, toutefois, l'absoluité purement et simplement
négative, ou l'infinité, — la négation absolue aussi bien du — A
que du + A, ou le fait qu'il accueille cet être-singulier, absolument, dans le concept. En tant que — A est un extérieur à
l'égard de la déterminité + A du sujet, il est, par ce rapport,
en la puissance d'un être étranger ; mais, du fait que, son + A
en tant qu'une déterminité, il peut aussi bien le poser négativement, le supprimer et l'aliéner, il reste, là où existe la possibilité et là où existe l'effectivité d'une puissance étrangère,
absolument libre. En tant qu'il nie + A aussi bien que — A,
il est réprimé, mais non contraint [37] ; il ne subirait une contrainte
que si + A était, en lui, fixé absolument, moyennant quoi, à lui,
comme à une déterminité, pourrait être rivée une chaîne infinie

---

37. « ist es *bezwungen*, aber nicht *gezwungen* ». — Nous avouons ne pouvoir
rendre en français ce jeu de mots hégélien, qui paraît, d'ailleurs, assez artificiel
tel que Hegel le présente, puisqu'il oppose, en fait, à un préfixe constitutif du
verbe lui-même, en son sens (« *bezwungen* », participe passé de « bezwingen »),
un préfixe constitutif seulement du mode d'un verbe (« *gezwungen* », participe
passé de « zwingen »).

d'autres déterminités [38]. Cette possibilité de faire abstraction de déterminités est sans limitation, ou il n'y a aucune déterminité qui [39] soit absolue, car cela serait immédiatement contradictoire en soi ; cependant, la liberté elle-même, ou l'infinité, est, certes, le négatif, mais l'absolu, et l'être-singulier de celui-ci est une singularité absolue accueillie dans le concept, | une infinité négativement absolue, une liberté pure ; ce négativement-absolu, la liberté pure, est, en son phénomène, la mort, et, par la capacité de la mort, le sujet se montre comme libre et élevé sans réserve au-dessus de toute contrainte. La mort est la répression absolue ; et, parce que celle-ci est absolue, ou parce que, en elle, la singularité devient sans réserve singularité pure, c'est-à-dire non pas la position d'un + A avec exclusion du — A, — laquelle exclusion ne serait pas une vraie négation, mais seulement la position du — A comme d'un extérieur, et en même temps du + A comme d'une déterminité, — mais une suppression aussi bien du + que du —, elle est le concept d'elle-même, donc infinie, et le contraire d'elle-même, ou libération absolue, et la singularité pure, qui est dans la mort, est son propre contraire, l'universalité. Dans la répression, il y a donc de la liberté, du fait qu'elle vise purement à la suppression d'une déterminité — aussi bien dans la mesure où celle-ci est posée positivement que dans la mesure où elle est posée négativement, [et cela] subjectivement et objectivement —, non pas simplement [à la suppression] d'un côté de cette déterminité, et que, ainsi, considérée en soi, elle se comporte de façon purement négative, ou, puisque la suppression elle-même peut être aussi appréhendée et exprimée positivement par la réflexion, la suppression des deux côtés de la déterminité apparaît alors comme la position parfaitement égale du déterminé suivant ses deux côtés. — Si l'on applique cela, par exemple, à la peine, en elle la représaille seule est rationnelle, car, par elle, le crime est réprimé ; une déterminité + A, que le crime a posée, est complétée par la position de — A, et ainsi toutes deux sont anéanties ; ou, si l'on regarde cela de façon positive : avec la déterminité + A est | liée pour le criminel la déterminité opposée — A, et toutes deux sont posées de manière égale, alors que le crime n'en posait qu'une ; ainsi, la peine est la restauration de la liberté, et le criminel est aussi bien resté libre, ou, plutôt, rendu libre, que celui qui punit a

38. *O* (cf. *B-P*) : « eine... Kette andere Bestimmtheiten » ; il faut lire : « eine Kette anderer Bestimmtheiten » (cf. *W, L*).

39. *O :* « welches » ; il faut lire : « welche » (cf. *W, L, B-P*).

agi rationnellement et librement. Dans cette détermination qui est la sienne, la peine est ainsi quelque chose en soi, [est] véritablement infinie, et [est] quelque chose d'absolu, qui, par là, a en soi-même ce qui le fait respecter et craindre[40]; elle vient de la liberté et demeure, même en tant qu'elle réprime, dans la liberté. Si, par contre, la peine est représentée comme contrainte, elle est posée simplement comme une déterminité et comme quelque chose d'absolument fini, ne comportant aucune rationalité, et elle tombe entièrement sous le concept commun d'une chose déterminée, face à une autre chose, ou d'une marchandise en échange de laquelle quelque chose d'autre, à savoir le crime, est à racheter, [et] l'État tient, en tant que pouvoir judiciaire, un marché avec des déterminités qui s'appellent des crimes et qu'il a à vendre contre d'autres déterminités, et le Code est le prix courant.

[III][1]

Mais si dépourvus d'être que soient ces abstractions et le rapport, qui en est issu, de l'extériorité, le moment du négativement-absolu ou de l'infinité, qui est, dans cet exemple, désigné, d'une façon qui le détermine, comme le rapport du crime et de la peine, est un moment de l'absolu lui-même, et il doit nécessairement être montré dans la vie éthique absolue ; et nous nous saisirons de l'être riche en détours[2] qui est celui de la forme absolue ou de l'infinité, en ses moments nécessaires, et montrerons comment ils déterminent la figure de la vie éthique, d'où se dégageront comme résultat le vrai concept et le rapport des sciences pratiques. | Comme, ici, importe, avant tout, la détermination de ces rapports qui s'y trouvent contenus, et qu'ainsi il faut souligner le côté de l'infinité, nous présupposons le positif, [à savoir] que la totalité éthique absolue n'est rien d'autre qu'un peuple ; ce qui s'éclairera aussi déjà à même le

---

40. « das hiemit seine Achtung und Furcht in sich selbst hat ».
1. Cf. W, L.
2. « das Vielgewandte ».

négatif, que nous considérons ici, dans les moments suivants de celui-ci. — Or, dans la vie éthique absolue, l'infinité ou la forme, en tant que l'absolument-négatif, n'est rien d'autre que la répression elle-même — conçue tout à l'heure —, accueillie dans son concept absolu, dans lequel elle ne se rapporte pas à des déterminités singulières, mais à l'entière effectivité et possibilité de celles-ci, c'est-à-dire à la vie elle-même, [dans lequel,] donc, la matière est égale à la forme infinie, — mais de telle sorte que le positif de celle-ci est ce qui est absolument éthique, c'est-à-dire l'appartenance à un peuple ; et l'être-un avec celui-ci, l'[individu] singulier le prouve, dans le négatif, par le risque de la mort seulement, d'une manière non équivoque. Par l'identité absolue de l'infini ou du côté du rapport avec le positif, les totalités éthiques telles que sont les peuples se configurent, se constituent comme des individus et se situent par là comme singulières face à des peuples singuliers ; cette situation et individualité est le côté de la réalité, [et,] pensées sans celui-ci, elles sont des êtres-de-pensée ; ce serait [là] l'abstraction de l'essence sans la forme absolue, laquelle essence serait précisément par là sans essence. Cette relation d'individualité à individualité est un rapport, et, pour cette raison, une relation faite de deux relations ; l'une est la relation positive, l'égale [et] calme subsistance-l'une-à-côté-de-l'autre des deux individualités dans la paix ; l'autre [est] la relation négative, l'exclusion de l'une par l'autre ; et | les deux relations sont absolument nécessaires. Pour la seconde, nous avons conçu le rapport rationnel comme une répression accueillie dans son concept, ou comme vertu formelle absolue, laquelle est la bravoure[3]. Par ce deuxième côté de la relation, est posée, pour la figure et l'individualité de la totalité éthique, la nécessité de la guerre, qui, parce qu'elle est la libre possibilité que soient anéanties non pas seulement des déterminités singulières, mais l'intégralité de celles-ci en tant que vie, et cela pour l'absolu lui-même ou pour le peuple, conserve aussi bien la santé éthique des peuples en son indifférence vis-à-vis des déterminités et vis-à-vis du processus par lequel elles s'installent comme habitudes[4] et deviennent fixes, que le mouvement des vents préserve les mers de la putridité dans laquelle un calme durable les plongerait,

---

3. « die Tapferkeit ».
4. O : « gegen das Auge gewöhnen » ; il faut lire : « gegen das Angewöhnen » (cf. W, L, B-P).

comme le ferait pour les peuples une paix durable, ou, *a fortiori*, une paix perpétuelle.

A l'aspect négatif, qui vient d'être considéré, de l'infinité, parce que la figure de la totalité éthique et l'individualité de cette dernière sont déterminées comme une singularité [tournée] vers le dehors, et le mouvement de celle-ci comme bravoure, est immédiatement lié l'autre côté, à savoir la subsistance de l'opposition ; l'un des côtés est de l'infinité, [est] négatif, comme l'autre ; le premier est la négation de la négation, l'opposition à l'opposition ; le deuxième [est] la négation et opposition elle-même en sa subsistance en tant que pluralité de déterminités ou réalité multiforme. Ces réalités en leur pure privation-de-forme et simplicité intérieure, ou les sentiments, sont, dans le [domaine] pratique, des sentiments se reconstruisant à partir de et hors de la différence et, à partir de et hors de l'être-supprimé du sentiment de soi sans différence, passant par un anéantissement des intuitions et⎮se restaurant, — besoins et jouissances physiques, qui, posés, pour eux-mêmes, à leur tour, dans leur totalité, obéissent, dans leurs intrications infinies, à une nécessité une et forment [5] le système de la dépendance réciproque universelle eu égard aux besoins physiques ainsi qu'au travail et à l'accumulation pour ces derniers [6], et ce système en tant que science [forme] le système de ce que l'on nomme l'économie politique. Comme ce système de la réalité est entièrement dans la négativité et dans l'infinité, il s'ensuit, pour ce qui est de son rapport à la totalité positive, qu'il doit nécessairement être traité d'une façon entièrement négative par cette dernière et rester soumis à sa domination [7] ; ce qui, suivant sa

---

5. *O* (cf. *W*) : « bleiben » ; il faut lire : « bilden » (cf. *L*, *B-P*).

6. *O* (cf. *B-P*) : « für dieselbe » ; il faut lire : « für dieselben » (cf. *W*, *L*).

7. « Da dieses System der Realität ganz in der Negativität und in der Unendlichkeit ist, so folgt für sein Verhältniss zu der positiven Totalität, dass es von derselben ganz negativ behandelt werden, und seiner Herrschaft unterworfen bleiben muss ». — Bien que toutes les éditions du texte hégélien comportent l'expression : « seiner Herrschaft », nous croyons qu'il faut lire ici : « ihrer Herrschaft », le possessif « ihrer » renvoyant, comme à ce qui désigne le détenteur de la domination (« Herrschaft »), à « Totalität » ; la suite du texte développe précisément ce thème de la subordination du système négatif de l'économie à la totalité positive éthico-politique. Le sujet « es » désignant, comme le sens l'exige (cf. plus bas : « ...un traitement négatif du système de la possession... »), « dieses System der Realität », et non pas « sein Verhältniss zu der positiven Totalität », le maintien du texte : « seiner Herrschaft » signifierait que « Herrschaft » — qui désigne ce qui, comme attribut du sujet du « Beherrschen », ne peut, certes, être attribué à son objet, le système de la réalité représenté par « es » — devrait être

nature, est négatif, doit nécessairement rester négatif et ne peut devenir quelque chose de ferme. Pour empêcher qu'il ne se constitue pour lui-même et ne devienne une puissance indépendante, il n'est pas suffisant d'établir les propositions [prescrivant] que chacun a le droit de vivre, que, dans un peuple, l'universel doit veiller à ce que chaque citoyen ait de quoi subsister et à ce qu'une pleine sécurité et commodité de l'acquisition industrieuse[8] soit présente ; ce dernier [thème], pensé comme principe absolu, exclurait plutôt un traitement négatif du système de la possession et [inciterait à] laisser pleinement faire celui-ci et à le laisser se fixer de façon absolue ; mais, bien plutôt, le tout éthique doit nécessairement le maintenir dans le sentiment de son néant intérieur et empêcher son essor explosif relativement à la quantité[9] et sa formation en une différence et inégalité de plus en plus grande, en tant que c'est là ce vers quoi va sa nature ; ce qui est aussi opéré dans chaque État, plutôt inconsciemment et dans la figure d'une nécessité naturelle extérieure à laquelle il souhaiterait pour lui-même échapper, du fait d'une dépense de plus en plus grande — croissant avec la croissance du système de la possession —| de l'État lui-même, et des impôts augmentant en conséquence, et donc de la diminution de la possession ainsi que de l'aggravation de la difficulté de l'acquisition industrieuse, et, surtout, du fait de la guerre, qui plonge dans un désordre multiforme ce qui vise à cela, ainsi que du fait de la jalousie d'autres états[10] et de l'oppression du commerce, pour une part de façon volontaire, pour une autre part contre leur volonté, par défaut d'entendement, etc., [et cela,] jusqu'à des degrés tels qu'en eux la vie éthique positive de l'État elle-même permet l'indépendance à l'égard du système purement réel, et l'affirmation de l'attitude négative et limitante.

La réalité, sous le rapport où elle vient d'être considérée, et dont le besoin physique, la jouissance, la possession, ainsi que les objets de la possession et de la jouissance, sont des côtés

rapporté à « Verhältniss », ce qui, pour ne pas mettre en avant des arguments relatifs à la langue, n'aurait guère de sens ou, si l'on entendait par cette hypothétique domination du rapport (« Verhältniss ») le contenu même de ce rapport, supposerait, dans la caractérisation qui en est faite, la substitution brutale et arbitraire du point de vue du sujet dominant à celui de l'objet dominé, selon lequel précisément le thème du rapport a d'abord été introduit ici.

8. « des Erwerbes ».
9. « und sein Emporschiessen in Beziehung auf die Quantität ».
10. « anderer Stände ». — « Der Stand » : l'état (au sens qu'a le terme, par exemple, dans l'expression : le tiers état).

divers, est réalité pure ; elle exprime simplement les extrêmes du rapport. Mais le rapport contient aussi une idéalité, une identité relative des déterminités opposées ; et celle-ci ne peut donc pas être positivement absolue, mais seulement formelle. Par l'identité en laquelle le réel, dans la relation des rapports, est posé, la possession devient propriété, et, d'une façon générale, la particularité, aussi la particularité vivante, est déterminée en même temps comme un universel ; ce par quoi la sphère du droit est constituée. — Pour ce qui concerne alors le reflet de l'absolu dans ce rapport, il a déjà été déterminé plus haut [11], suivant son côté négatif, [qui est] contre la subsistance de ce qui est réel et déterminé, comme une répression ; suivant le côté positif, [qui est] pour la subsistance du réel, l'indifférence ne peut s'exprimer, dans cette matière déterminée, que comme une égalité extérieure, formelle ; et la science qui s'y rapporte ne peut viser | qu'à déterminer, pour une part, les gradations de l'inégalité, pour une autre part, afin que cela soit possible, la façon dont quelque chose de vivant ou d'intérieur en général doit être posé objectivement et extérieurement pour être susceptible de cette détermination et évaluation dont on vient de parler. A cette manifestation superficielle, la réalité absolue de la vie éthique, dans cette puissance, est limitée, du fait de la subsistance de la réalité présente dans l'opposition. Non seulement, à cause de la déterminité fixée, qui inclut en elle une opposition absolue, l'égalisation et évaluation de l'inégalité a ses limites et se heurte, comme la géométrie, à de l'incommensurabilité, mais — parce qu'elle [est] entièrement dans la déterminité [12] et ne peut cependant pas abstraire comme la géométrie, mais, de façon absolue, puisqu'elle est dans des rapports vivants, a toujours devant elle des enroulements entiers de telles déterminités [13] — [elle se heurte] aussi, de façon absolue, à des contradictions sans fin. A cette contradiction des déterminités il est remédié et un terme est mis, assurément, dans le cas d'une intuition, par l'acte de se fixer et de se tenir à des déterminités singulières, en tant que c'est ce par quoi une décision peut s'ensuivre ; ce qui est toujours mieux que si aucune ne s'ensuit, car, puisque dans la chose même il n'est rien d'absolu, l'[élément] formel, [à savoir] que d'une façon générale on décide et

---

11. Cf. ci-dessus, pp. 50 sqq.
12. O (cf. W, B-P) : « weil sie ganz in der Bestimmtheit, » ; L : « weil sie ganz in der Bestimmtheit [bleibt], ».
13. « ganze Convolute solcher Bestimmtheiten ».

détermine, est proprement l'essentiel, mais c'est tout autre
chose, qu'on décide suivant une justice et dimension éthique
véritable totale, de cette manière qui, précisément du fait que
l'on se fixe, et que l'on se tient absolument, à des déterminités,
est impossible, mais [qui] est possible dans leur confusion et
est effective moyennant une intuition éthique immédiate qui
subjugue les déterminités posées comme absolues, et, seule,
maintient ferme le tout. — Il est — dit Platon, dans son langage
simple, | au sujet des deux côtés de la détermination sans fin de
l'accueil infini des qualités dans le concept, et de la contradiction de leur singularité à l'égard de l'intuition et, en outre, entre
elles — il est clair qu'à l'art royal appartient l'art de la législation ; mais le mieux est que ce ne soient pas les lois qui aient
l'autorité, mais l'homme qui est sage et royal, parce que la loi
ne peut pas prescrire parfaitement ce qui serait, de la façon
la plus exacte et tout à fait universellement, le meilleur et le
plus juste, — parce que l'inégalité des hommes et des actions,
et le fait, pour les choses humaines, de ne jamais se tenir en
repos, ne permettent pas que soit présenté, en quelque art que
ce soit, quoi que ce soit d'égal à soi-même, dans le cas de
quelque matière que ce soit, au sujet de tous ses côtés et pour
tous les temps. Mais la loi, nous la voyons se diriger précisément sur quelque chose qui est un et le même, comme un
homme entêté et grossier qui ne laisse rien se produire contre
son ordre ni non plus ne se laisse questionner par quelqu'un sur
ce point, lorsque, à quelqu'un, se présente quelque chose d'autre
qui serait meilleur, à l'encontre du rapport qu'il a fixé ; — il est
ainsi impossible que, pour ce qui n'est jamais égal à soi-même,
ce qui est absolument égal à soi-même soit bon [14]. — Le fait que

---

14. Le texte allemand, de : « es ist klar... [il est clair...] » à : « ...das sich
durchaus selbst gleiche gut sei. [...ce qui est absolument égal à soi-même soit
bon.] » est la traduction à peu près complète du texte grec du *Politique* de
Platon, 294 a-c : « ΞΕΝ. Τρόπον μέντοι τινὰ δῆλον ὅτι τῆς βασιλικῆς ἐστὶν ἡ
νομοθετική · τὸ δ' ἄριστον, οὐ τοὺς νόμους ἐστὶν ἰσχύειν, ἀλλὰ ἄνδρα τὸν μετὰ
φρονήσεως βασιλικόν οἶσθ' ὅπη ; ΣΩ. Πῇ δὴ λέγεις ; ΞΕΝ. Ὅτι νόμος οὐκ ἄν
ποτε δύναιτο τό, τε ἄριστον καὶ τὸ δικαιότατον ἀκριβῶς ἅμα πᾶσι περιλαβὼν,
τὸ βέλτιστον ἐπιτάττειν. Αἱ γὰρ ἀνομοιότητες τῶν ἀνθρώπων καὶ τῶν πράξεων,
καὶ τὸ μηδέποτε μηδὲν, ὡς εἰπεῖν ἔπος, ἡσυχίαν ἄγειν τῶν ἀνθρωπίνων,
οὐδὲν ἐῶσιν ἁπλοῦν ἐν οὐδενὶ περὶ ἁπάντων καὶ ἐπὶ πάντα τὸν χρόνον
ἀποφαίνεσθαι τέχνην οὐδ' ἡντινοῦν, ταῦτα δὴ συγχωροῦμεν που ; ΣΩ.
Τί μήν ; ΞΕΝ. Τὸν δέ γε νόμον ὁρῶμεν σχεδὸν ἐπ' αὐτὸ τοῦτο ξυντείνοντα,
ὥσπέρ τινα ἄνθρωπον αὐθάδη καὶ ἀμαθῆ, καὶ μηδὲν ἐῶντα ποιεῖν παρὰ
τὴν ἑαυτοῦ τάξιν · μηδ' ἐπερωτᾶν μηδένα, μηδ' ἄν τι νέον ἄρά τῳ ξυμβαίνῃ
βέλτιον, παρὰ τὸν λόγον ὃν αὐτὸς ἐπέταξε. ΣΩ. Ἀληθῆ. Ποιεῖ γὰρ ἀτεχνῶς,

l'on est fermement attaché à la pensée que, dans cette sphère des choses humaines, un droit et devoir déterminé étant en soi et absolu est possible, vient de [la considération de] l'indifférence formelle ou du négativement-absolu, lequel n'a de place que dans la réalité fixe de cette sphère, et lequel, assurément, est en soi ; mais, pour autant qu'il est en soi, il est vide, ou en lui il n'y a rien d'absolu si ce n'est précisément la pure abstraction, la pensée complètement privée-de-contenu de l'unité. Il n'est pas, par exemple, une conclusion tirée de l'expérience [donnée] jusqu'à maintenant, et il ne peut être considéré comme une imperfection contingente | du concret et du développement d'une Idée vraie *a priori*, mais il faut connaître que ce qui est ici nommé Idée, et un espoir en un avenir meilleur le concernant, sont en soi du néant, et qu'une législation parfaite, ainsi qu'une justice véritable correspondant à la déterminité des lois, sont, dans le concret du pouvoir judiciaire, en soi impossibles. Pour ce qui concerne le premier point dont il a été question, l'absolu, parce qu'il doit être dans les déterminités comme telles, est seulement l'infini, et il est posé précisément la même infinité empirique et déterminabilité en soi sans fin qui est posée dans la pensée d'une comparaison d'une mesure déterminée avec une ligne absolument indéterminée, ou d'une ligne déterminée avec une mesure absolument indéterminée, du mesurage d'une ligne infinie, ou de la division absolue d'une ligne déterminée. Pour ce qui concerne l'autre point, parmi les intuitions pareillement infiniment nombreuses et conformées de façon infiniment diverse qui sont l'objet du judiciaire, chacune, avec la foule croissante des déterminations, est déterminée de manière plus multiforme ; cette culture — dont il a été question — de différenciations par la législation rend chaque intuition singulière plus différenciable et plus cultivée, et l'extension de la législation n'est pas une approche du but d'une perfection positive, laquelle, ici, comme il a été montré plus haut [15], n'a aucune vérité, mais seulement l'[être] formel d'une culture croissante. Et, afin que, dans cette multiplicité variée, l'un de l'intuition judiciaire du droit et du jugement s'organise, devienne un véritable un et tout, il est absolument nécessaire que chaque déterminité singulière | soit modérée, c'est-à-dire que, précisément en tant qu'une déterminité absolue, étant pour soi, ce pour quoi elle s'exprime en tant que

καθάπερ εἴρηκας νῦν, ὁ νόμος ἡμῖν ἑκάστοις. ΞΕΝ. Οὐκοῦν ἀδύνατον εὖ ἔχειν πρὸς τὰ μηδέποτε ἁπλᾶ τό διαπαντὸς γιγνόμενον ἁπλοῦν. ».
15. Cf. ci-dessus, pp. 44 sqq.

loi, [elle] soit supprimée en partie, qu'ainsi son être-absolu ne soit pas respecté ; et d'une application pure il ne peut être question, car une application pure serait la position de déterminités singulières avec exclusion d'autres [déterminités] ; mais, de par leur être, celles-ci émettent aussi bien l'exigence qu'elles soient prises en considération, afin que l'action efficiente antagoniste, déterminée, non par des parties, mais par le tout, soit elle-même un tout. Devant cette connaissance claire et déterminée doivent nécessairement succomber l'espoir vide et la pensée formelle aussi bien d'une législation absolue que d'un arrêt de justice soustrait à l'intériorité du juge.

Il a été montré, dans le cas du système de la réalité qui a été considéré, que la vie éthique absolue devait nécessairement se comporter négativement à l'égard de lui ; dans ce système, l'absolu, comme il apparaît sous la déterminité fixe de celui-ci, est posé comme négativement-absolu, comme infinité, laquelle infinité se présente, face à l'opposition, comme unité formelle, relative, abstraite ; dans ce comportement négatif-là, [il est] hostile, dans celui-ci, [il est] lui-même sous la domination de ce système ; en aucun, il n'est indifférent à son égard. Mais l'unité qui est indifférence des opposés et [qui] les anéantit et comprend en elle, et l'unité qui est seulement indifférence formelle ou l'identité du rapport de réalités subsistantes, doivent nécessairement elles-mêmes être absolument en tant qu'un, par un accueil complet du rapport dans l'indifférence elle-même. C'est-à-dire que l'[élément] éthique absolu doit nécessairement s'organiser complètement comme figure [16], car le rapport est l'abstraction du côté de la figure.| Tandis que le rapport est, dans la figure, absolument réduit à une indifférence [17], il ne cesse pas d'avoir la nature du rapport ; il reste un rapport de la nature organique à la nature inorganique. Mais, comme il a été montré plus haut [18], le rapport, en tant que côté de l'infinité, est lui-même un rapport doublé ; [il est rapport,] en premier lieu, pour autant que c'est l'unité ou l'idéel, en second lieu, pour autant que c'est le multiple ou le réel, qui est l'[élément] premier et dominant. Suivant ce côté-là, il est proprement dans la figure et dans l'indifférence ; et le non-repos éternel du concept ou de l'infinité est, pour une part, dans l'organisation elle-même, se consumant lui-même et abandonnant le phénomène de la vie, ce qui est

16. « als Gestalt ».
17. « indifferentiirt ».
18. Cf. ci-dessus, pp. 30 sqq.

purement quantitatif, afin que, comme sa propre graine, la vie,
de ses cendres, s'élève éternellement à une nouvelle jeunesse, —
pour une autre part, anéantissant éternellement la différence de
la vie vers l'extérieur, et se nourrissant de l'inorganique, et le
produisant, faisant surgir de l'indifférence une différence, ou un
rapport d'une nature inorganique, et supprimant à nouveau ce
rapport, et consommant celle-ci comme soi-même ; nous verrons
dans un instant ce qu'est cette nature inorganique de l'[élément]
éthique. Mais, deuxièmement, dans ce côté du rapport ou de
l'infinité, est aussi posée la subsistance de ce qui est anéanti,
car, précisément, puisque le concept absolu est le contraire de
lui-même, avec sa pure unité et négativité est aussi posé l'être
de la différence ; ou [encore,] l'anéantir pose quelque chose
qu'il anéantit, ou le réel ; et ainsi il y aurait une effectivité et
différence insurmontable pour la vie éthique ; l'individualité qui,
du fait du séjour que l'infinité a établi ici dans toute la force
de son opposition, et non seulement suivant la possibilité, | mais
actu, suivant l'effectivité, est dans l'opposition, ne pourrait pas
se purifier de la différence et s'absorber dans l'indifférence
absolue. Que les deux [moments], l'être-supprimé de l'opposition
et sa subsistance, ne soient pas seulement idéels, mais aussi
réels, c'est là d'une façon générale la position d'une séparation
et mise à part, de telle sorte que la réalité dans laquelle la vie
éthique est objective soit partagée en une partie qui est absolument accueillie dans l'indifférence et en une partie dans laquelle
le réel est, comme tel, subsistant, donc [est] identique relativement et porte en lui-même seulement le reflet de la vie éthique
absolue. Il est posé par là un rapport de la vie éthique absolue,
qui serait totalement immanente aux individus et [serait] leur
essence, à la vie éthique relative, qui est réelle tout autant dans
des individus. L'organisation éthique ne peut, dans la réalité,
se conserver pure autrement que de telle sorte que l'expansion
universelle du négatif soit, en elle, entravée et mise d'un seul
côté. Comment, alors, l'indifférence apparaît dans le réel subsistant et est vie éthique formelle, on l'a montré plus haut [19]. Le
concept de cette sphère est l'[élément] *pratique* réel, considéré
subjectivement : de la sensation ou du besoin et de la jouissance
physiques, considéré objectivement : du travail et de la possession ; et cet [élément] pratique, comme cela peut se produire
suivant son concept, accueilli dans l'indifférence, est l'unité

19. Cf. ci-dessus, pp. 31 sqq.

formelle, ou le *droit* qui est en lui possible; et, au-dessus de
ces deux [éléments], le troisième [élément] est en tant que
l'absolu ou l'[élément] *éthique*; mais la réalité de la sphère de
l'unité relative, ou de l'[élément] pratique et juridique, est, dans
le système de la totalité qu'il forme, constituée comme un état
propre. Ainsi, | suivant la nécessité absolue de l'[élément] éthique,
deux états, dont l'un [est] en tant qu'état des [hommes] libres,
forment l'individu de la vie éthique absolue, dont les organes
sont les individus singuliers, — et qui, considéré du côté de son
indifférence, est l'esprit vivant absolu, du côté de son objectivité,
le mouvement vivant et la jouissance de soi divine de ce tout
dans la totalité des individus en tant que ses organes et
membres, — mais dont le côté formel ou négatif doit nécessairement être aussi bien le côté absolu, à savoir un travail qui
ne vise pas l'anéantissement de déterminités singulières, mais
la mort, et dont le produit, aussi bien, n'est pas quelque chose
de singulier, mais l'être et la conservation du tout de l'organisation éthique. A l'état des hommes libres dont il s'agit ici [20],
Aristote assigne comme occupation propre ce pour quoi les
Grecs avaient le terme *politeuein*, qui signifie: vivre dans, avec
et pour son peuple, mener une vie universelle appartenant entièrement à la chose publique, — ou l'acte de philosopher [21]; et ces
deux occupations, Platon [22], suivant sa vitalité supérieure, ne veut
pas les voir séparées, mais absolument liées [23]. — Ensuite, [il
y a] un état des [hommes] non libres, qui est dans la différence
du besoin et du travail, ainsi que dans le droit et la justice de
la possession et propriété, — [état] dont le travail vise la singularité et ainsi n'inclut pas en lui le risque de la mort. Avec ces

---

20. Le texte dit simplement : « Diesem Stande [A cet état] ». Nous avons
cru devoir indiquer, dans notre traduction, le double sens du démonstratif :
celui-ci désigne l'état qui, d'une part, a été, plus haut, *posé*, parmi les deux
états principaux formant l'individu de la vie éthique absolue, comme l'état des
hommes libres, et, d'autre part, est *visé*, dans ce qui précède immédiatement,
comme l'agent par excellence du travail de la mort où l'individu éthique universel
manifeste sa vitalité absolue.

21. Cf. ARISTOTE, *Politique*, I 7, 1255 b, 35-37 : « διὸ ὅσοις ἐξουσία μὴ αὐτοὺς
κακοπαθεῖν, ἐπίτροπός <τις> λαμβάνει ταύτην τὴν τιμήν, αὐτοὶ δὲ πολιτεύονται
ἢ φιλοσοφοῦσιν » (cf. trad. TRICOT, I, Vrin, 1962, p. 48 : « C'est pourquoi ceux
qui ont la possibilité de s'épargner les tracas domestiques ont un préposé qui
remplit cet office, tandis qu'eux-mêmes s'occupent de politique ou de philosophie »).

22. Cf. PLATON, *République*, V. 473 b et suite, VI. 484 a et suite.

23. *O* (cf. *L*): « verknüpft seyn will » ; il faut lire, croyons-nous : « verknüpft
sehen will » (cf. *W*, *B-P*).

états il faut compter le troisième état, qui, dans la grossièreté de son travail non créateur-formateur [24], a seulement affaire à la terre comme élément, et dont le travail a devant soi le tout du besoin dans l'objet immédiat, sans termes intermédiaires, [qui,] donc, est lui-même une totalité et indifférence compacte, comme un élément, [et] par là | se maintient hors de la différence de l'entendement du deuxième état, maintient ses corps et son esprit dans la possibilité d'une vie éthique absolue formelle, de la bravoure et d'une mort violente, donc peut augmenter le premier état suivant la masse et l'essence élémentaire. Ces deux états dispensent le premier du rapport dans lequel la réalité, pour une part dans sa relation en repos, pour une autre part dans sa relation active, est fixée comme possession et propriété et comme travail, suivant la manière dont, d'une façon qui s'y limite pour le moment, parmi les peuples modernes, la classe s'adonnant à l'acquisition industrieuse [25] a cessé peu à peu de faire le service militaire, et dont la bravoure s'est formée, sur un mode plus épuré, en un état particulier qui est dispensé par cette classe-là de l'activité de l'acquisition industrieuse et pour lequel possession et propriété sont, du moins, quelque chose de contingent. La constitution de cet état-là, le deuxième, est, suivant sa matière, déterminée ainsi par Platon, [à savoir] que, ceux qui [26] ne peuvent devenir participants à la coutume éthique de la bravoure et de la discipline, et à toute autre coutume éthique portant à la vertu, mais seulement à ce qui, par sa nature mauvaise pleine de violence, pousse à l'athéisme ainsi qu'à l'arrogance et à l'injustice, l'art royal les réprime et rejette par la mort et le bannissement et par le dernier outrage, — que, par contre, les natures qui gisent dans la grossièreté et la bassesse, l'art royal les subjugue pour en faire une race servile [27] ;

24. « seiner nicht bildenden Arbeit ».
25. «die erwerbende Klasse ». — La classe de l'acquisition industrieuse, celle qui s'adonne à l'activité industrielle et commerciale, est le deuxième état, dont Hegel a parlé plus haut.
26. *O* (cf. *W, L*) : « dass wie... diejenige, welche » ; il faut supprimer « wie », comme le sens l'exige (cf. *B-P*).
27. Le passage : « ceux qui ne peuvent devenir participants... une race servile » est la traduction à peu près complète du texte grec du *Politique* de Platon, 308 e - 309 a : « ΞΕΝ. ... καὶ τοὺς μὲν μὴ δυναμένους κοινωνεῖν ἤθους ἀνδρείου καὶ σώφρονος, ὅσα τε ἄλλα ἐστὶ τείνοντα πρὸς ἀρετὴν, ἀλλ' εἰς ἀθεότητα καὶ ὕβριν καὶ ἀδικίαν ὑπὸ κακῆς βίας φύσεως ἀπωθούμενα, θανάτοις τε ἐκβάλλει καὶ φυγαῖς καὶ ταῖς μεγίσταις κολάζουσα ἀτιμίαις. ΣΩ. Λέγεται γοῦν πως οὕπω. ΞΕΝ. Τοὺς δ' ἐν ἀμαθίᾳ τ' αὖ καὶ ταπεινότητι πολλῇ κυλινδουμένους, εἰς τὸ δουλικὸν ὑποζεύγνυσι γένος ».

et Aristote reconnaît comme en faisant partie ce qui, par sa nature, n'est pas sa chose à soi, mais la chose d'un autre[28], ce qui se rapporte comme un corps à un esprit[29].

Mais le rapport de ce qui, par sa nature, est la chose d'un autre et n'a pas son esprit en soi-même, | à l'individualité absolument subsistante-par-soi, peut, suivant sa forme, être un rapport doublé : à savoir, ou bien un rapport des individus de cet état en tant que particuliers aux individus du premier en tant que particuliers, ou bien [un rapport] de l'universel à l'universel. Ce rapport-là [, celui] de l'esclavage, a disparu de lui-même, dans le phénomène empirique de l'universalité de l'empire romain ; dans la perte de la vie éthique absolue et avec l'abaissement de l'état noble, les deux états auparavant particuliers sont devenus égaux entre eux ; et, avec la cessation de la liberté, l'esclavage a nécessairement cessé. En tant que le principe de l'unité formelle et de l'égalité devait se faire valoir, il a supprimé en général la différence intérieure véritable des états et, en premier lieu, n'a pas réalisé la séparation, posée plus haut, des états, et encore moins la forme, par elle conditionnée, de leur séparation, suivant laquelle ils sont, sous la forme de l'universalité, seulement d'état total à état total, dans le rapport de la domination et de la servitude, de telle sorte que, dans ce rapport aussi, les deux [termes] qui sont dans la relation restent des [termes] universels, — alors que, au contraire, dans le rapport de l'esclavage, la forme de la particularité est la forme déterminante du rapport, et qu'il n'y a pas un état face à un état, mais que cette unité de chaque partie est dissoute dans la relation réelle, et que les [individus] singuliers sont dépendants des [individus] singuliers. Le principe de l'universalité et égalité a nécessairement dû d'abord se rendre maître du tout de telle sorte qu'il posât, à la place d'une séparation, un mélange des deux états ; dans ce mélange sous la loi de l'unité formelle, le premier état | est, en vérité, entièrement supprimé, et le second est constitué en peuple unique ; l'image de ce changement, Gibbon l'exprime en ces traits : [«] La longue paix et la domination uniforme des Romains introduisirent un poison lent et secret dans les forces vitales de l'empire. Les dispositions intérieures

---

28. Cf. ARISTOTE, *Politique*, I, 4, 1254 a 14-15 : « ὁ γὰρ μὴ αὐτοῦ φύσει ἀλλ' ἄλλου ἄνθρωπος ὤν, οὗτος φύσει δοῦλός ἐστιν » (cf. trad. TRICOT, I, *op. cit.*, p. 37 : « celui qui, par nature, ne s'appartient pas à lui-même, tout en étant un homme, mais est la chose d'un autre, celui-là est un esclave par nature »).

29. Cf. *ibid.*, I, 5.

des hommes furent peu à peu nivelées, le feu du génie éteint, et même l'esprit militaire évaporé. [...] Le courage personnel demeurait, mais ils ne possédaient plus ce courage *public* qui est nourri de l'amour de l'indépendance, du sens de l'honneur national, de la présence du danger, et de l'habitude de commander ; ils reçurent des lois et des chefs de la volonté de leur monarque, et [...] les descendants des têtes les plus hardies se contentèrent du rang de citoyens et de sujets ; les cœurs aspirant plus haut se rassemblèrent sous [...] la bannière de l'empereur ; et les pays abandonnés, privés de force ou d'unité politique, s'enfoncèrent insensiblement dans la molle indifférence de la *vie privée* [»] [30]. — Avec cette vie privée universelle, et pour la situation dans laquelle le peuple n'est composé que d'un deuxième état, est immédiatement présent le rapport-de-droit formel, qui fixe l'être-singulier et le pose absolument, et le développement le plus complet de la législation s'y rapportant s'est, lui aussi, formé et déployé à partir d'une telle corruption et universelle dégradation. Ce système de propriété et de droit, qui, à cause de cet être-ferme — dont on a parlé — de la singularité, n'est dans rien d'absolu et d'éternel, mais entièrement dans ce qui est fini et formel, doit nécessairement, réellement | séparé et éliminé de l'état noble, pouvoir se constituer dans un état propre, et ici, alors, pouvoir s'étendre entièrement en long et en large. Lui appartiennent, pour une part, les questions, pour elles-mêmes subordonnées et demeurant dans le [domaine] formel, qui portent sur le fondement de droit de la possession, du contrat, etc., mais, pour une autre part, en général, toute l'expansion sans fin de la législation portant sur

---

30. Cf. GIBBON, *The History of the Decline and Fall of the Roman Empire*, Vol. I. A new Edition, Basil : Tourneisen 1787. 74-75 : « This long peace, and the uniform governement of the Romans, introduced a slow and secret poison into the vitals of the empire. The minds of men were gradually reduced to the same level, the fire of genius was extinguished, and even the military spirit evaporated. The natives of Europe were brave and robust, Spain, Gaul, Britain, and Illyricum, supplied the legions with excellent soldiers, and constituted the real strength of the monarchy. Their personal valour remained, but they no longer possessed that public courage, which is nourished by the love of independence, the sense of national honour, the presence of danger, and the habit of command. They received laws and governors from the will of their sovereign, and trusted for their defence to a mercenary army. The posterity of their boldest leaders was contented with the rank of citizens and subjects. The most aspiring spirits resorted to the court or standard of the emperors ; and the deserted provinces, deprived of political strength or union, insensibly sunk into the languid indiffe-rence of private life. »

— comme Platon cite les rubriques de ces choses — « ces objets de justice qui concernent les contrats d'[individus] singuliers à [individus] singuliers [et] portant sur des choses ou des travaux manuels, comme aussi les injures et les coups, les dispositions concernant la compétence et les nominations de juges, — et [ce qu'il en est] si une perception ou imposition de droits de douane est nécessaire sur les marchés et les ports, [...] — en tant que sur ces choses il n'est pas convenable de faire des prescriptions à des hommes de valeur [31] ; car ils trouveront aisément d'eux-mêmes tout ce qui doit être fixé au sujet de ces choses, si Dieu leur donne la grâce d'une constitution véritablement éthique. Mais si ce n'est pas le cas, il s'ensuit qu'ils passent leur vie à fixer et amender beaucoup de choses de ce genre, s'imaginant qu'ils se saisiront, pour finir, du meilleur, — qu'ils vivent comme des malades qui, par intempérance, ne veulent pas sortir de leur mauvais régime [...] et, par les remèdes, ne font rien d'autre que d'engendrer des maladies plus multiformes et plus grandes, tandis qu'ils espèrent toujours, lorsque quelqu'un leur conseille un remède, retrouver grâce à lui la santé ; [...] tout aussi drôles sont ceux qui donnent des lois sur les choses citées, et amendent constamment en elles, en s'imaginant atteindre, à leur sujet, une fin, [...] — ne sachant pas qu'en fait, pour ainsi dire, ils décapitent l'*hydre*. » [32]. | « Si,

---

31. Le texte allemand : « schönen und guten Männern » est ici la traduction littérale de l'expression grecque : « ἀνδράσι καλοῖς κἀγαθοῖς ».

32. Hegel cite ici, avec quelques omissions, le texte de Platon, *République*, IV. 425 c - 426 a : « Τί δέ, ὦ πρὸς θεῶν, ἔφην, τάδε τὰ ἀγοραῖα ξυμβολαίων τε πέρι κατ' ἀγορὰν ἕκαστοι ἅ πρὸς ἀλλήλους ξυμβάλλουσιν, εἰ δὲ βούλει, καὶ χειροτεχνικῶν περὶ ξυμβολαίων καὶ λοιδοριῶν καὶ αἰκίας καὶ δικῶν λήξεως καὶ δικαστῶν καταστάσεως, καὶ εἴ που τελῶν τινὲς ἢ πράξεις ἢ θέσεις ἀναγκαῖοί εἰσιν ἢ κατ' ἀγορὰς ἢ λιμένας, ἢ καὶ τὸ παράπαν ἀγορανομικὰ ἄττα ἢ ἀστυνομικὰ ἢ ὅσα ἄλλα τοιαῦτα, τούτων τολμήσομέν τι νομοθετεῖν ; Ἀλλ' οὐκ ἄξιον, ἔφη, ἀνδράσι καλοῖς κἀγαθοῖς ἐπιτάττειν · τὰ πολλὰ γὰρ αὐτῶν, ὅσα δεῖ νομοθετήσασθαι, ῥᾳδίως που εὑρήσουσι. Ναί, ὦ φίλε, εἶπον, ἐάν γε θεὸς αὐτοῖς διδῷ σωτηρίαν τῶν νόμων ὧν ἔμπροσθεν διήλθομεν. Εἰ δὲ μή γε, ἦ δ' ὅς, πολλὰ τοιαῦτα τιθέμενοι ἀεὶ καὶ ἐπανορθούμενοι τὸν βίον διατελέσουσιν, οἰόμενοι ἐπιλήψεσθαι τοῦ βελτίστου. Λέγεις, ἔφην ἐγώ, βιώσεσθαι τοὺς τοιούτους ὥσπερ τοὺς κάμνοντάς τε καὶ οὐκ ἐθέλοντας ὑπὸ ἀκολασίας ἐκβῆναι πονηρᾶς διαίτης. Πάνυ μὲν οὖν. Καὶ μὴν οὗτοί γε χαριέντως διατελοῦσιν · ἰατρευόμενοι γὰρ οὐδὲν περαίνουσιν, πλήν γε ποικιλώτερα καὶ μείζω ποιοῦσι τὰ νοσήματα, ἀεὶ ἐλπίζοντες, ἐάν τις φάρμακον συμβουλεύσῃ, ὑπὸ τούτου ἔσεσθαι ὑγιεῖς ». — et *ibid.*, IV. 426 e : « Μὴ τοίνυν χαλέπαινε · καὶ γάρ πού εἰσι πάντων χαριέστατοι οἱ τοιοῦτοι, νομοθετοῦντές τε οἷα ἄρτι διήλθομεν καὶ ἐπανορθοῦντες, ἀεὶ οἰόμενοί τι πέρας εὑρήσειν περὶ τὰ ἐν τοῖς ξυμβολαίοις κακουργήματα καὶ περὶ ἃ νῦν δὴ ἐγὼ ἔλεγον ἀγνοοῦντες ὅτι τῷ ὄντι ὥσπερ Ὕδραν τέμνουσιν. »

alors, il est vrai qu'avec une licence et maladie croissante dans le peuple s'ouvrent les nombreuses cours de justice [...], et que, d'une éducation mauvaise et indigne [...], on ne peut trouver aucun meilleur signe si ce n'est que, d'excellents médecins et juges, les hommes vils et les artisans ne sont pas les seuls à avoir besoin, mais qu'aussi ceux qui se vantent d'être élevés dans une culture libérale [...] sont contraints d'avoir une justice imposée par d'autres en tant que maîtres et juges, [...] et passent beaucoup de temps, devant les tribunaux, à porter plainte et à plaider » [33], — si ce système doit forcément en même temps se développer là comme situation universelle et détruire la vie éthique libre là où elle est mêlée avec ces rapports dont il a été question et n'est pas originairement séparée d'eux et de leurs conséquences, il est nécessaire que ce système soit accueilli consciemment, connu dans son droit, exclu de l'état noble, et que lui soit accordé un état propre, comme son empire, dans lequel il puisse se fixer et, à même son embrouillement et la suppression d'un embrouillement par un autre, développer sa pleine activité. La puissance [34] de cet état se détermine, par conséquent, de telle sorte qu'il se trouve dans la possession en général et dans la justice qui est ici possible concernant la possession, qu'en même temps il a à constituer un système cohérent, et que, immédiatement du fait que le rapport de la possession est accueilli dans l'unité formelle, chaque [individu] singulier, puisqu'il est en soi capable d'[avoir] une possession, se comporte à l'égard de tous comme [un] universel ou comme bourgeois [35], — [que,] pour la nullité politique suivant laquelle les membres de cet état sont des personnes privées, | [il] trouve

---

33. Hegel cite ici partiellement le texte de Platon, *République*, III. 404 e - 405 b : « Ἀκολασίας δὲ καὶ νόσων πληθυουσῶν ἐν πόλει, ἆρ' οὐ δικαστήριά τε καὶ ἰατρεῖα πολλὰ ἀγοίνεται, καὶ δικανική τε καὶ ἰατρικὴ σεμνύνονται, ὅταν δὴ καὶ ἐλεύθεροι πολλοὶ καὶ σφόδρα περὶ αὐτὰ σπουδάζωσιν ; Τί γὰρ οὐ μέλλει ; Τῆς δὲ κακῆς τε καὶ αἰσχρᾶς παιδείας ἐν πόλει ἆρα μή τι μεῖζον ἕξεις λαβεῖν τεκμήριον, ἢ τὸ δεῖσθαι ἰατρῶν καὶ δικαστῶν ἄκρων μὴ μόνον τοὺς φαύλους τε καὶ χειροτέχνας, ἀλλὰ καὶ τοὺς ἐν ἐλευθέρῳ σχήματι προσποιουμένους τετράφθαι ; ἢ οὐκ αἰσχρὸν δοκεῖ, καὶ ἀπαιδευσίας μέγα τεκμήριον, τὸ ἑκάστῳ παρ' ἄλλων, ὡς δεσποτῶν τε καὶ κριτῶν, τῷ δικαίῳ ἀναγκάζεσθαι χρῆσθαι, καὶ ἀπορίᾳ οἰκείων ; Πάντων μὲν οὖν, ἔφη, αἴσχιστον. Ἦ δοκεῖ σοι, ἦν δ' ἐγώ, τούτου αἴσχιον εἶναι τοῦτο, ὅταν τίς μὴ μόνον τὸ πολὺ τοῦ βίου ἐν δικαστηρίοις φεύγων τε καὶ διώκων κατατρίβηται, ... ».

34. « die Potenz ».

35. Nous ne pouvons ici traduire littéralement le texte allemand, qui explicite le sens du terme « Bürger » par le terme français « bourgeois » : « als Bürger, in dem Sinne als bourgeois ».

la compensation dans les fruits de la paix et de l'acquisition industrieuse, ainsi que dans la sécurité complète de la jouissance de ceux-ci, aussi bien dans la mesure où cette sécurité concerne le singulier que dans la mesure où elle concerne le tout de celui-ci ; mais c'est le tout que concerne la sécurité pour chaque [individu] singulier, dans la mesure où il est dispensé de la bravoure et soustrait à la nécessité, qui appartient au premier état, de s'exposer au risque d'une mort violente, lequel risque est pour l'[individu] singulier l'insécurité absolue de toute jouissance et possession et droit. Par la suppression de ce mélange des principes et leur séparation constituée et consciente, chacun obtient son droit, et seul est réalisé ce qui doit être, la réalité de la vie éthique comme indifférence absolue, et, en même temps, de cette même vie éthique comme du rapport réel dans l'opposition subsistante, de telle sorte que le dernier [moment] est réprimé par le premier, et que cette répression est elle-même ramenée à une indifférence [36] et réconciliée. Et cette réconciliation consiste précisément dans la connaissance de la nécessité et dans le droit que la vie éthique donne à sa nature inorganique et aux puissances souterraines, en tant qu'elle leur cède et sacrifie une partie d'elle-même ; car la force du sacrifice consiste dans l'intuition et objectivation de l'intrication avec l'inorganique, par laquelle intuition cette intrication est dénouée, l'inorganique séparé, et connu comme tel, .par là lui-même accueilli dans l'indifférence ; mais le vivant, en tant que, ce qu'il sait comme une partie de lui-même, il le pose en cet être inorganique et le sacrifie à la mort, a reconnu le droit d'un tel être [inorganique et mort], et, en même temps, s'est purifié de ce dernier. |

Ce n'est là rien d'autre que la représentation, dans l'[élément] éthique, de la tragédie que l'absolu joue éternellement avec lui-même, [à savoir] qu'il s'engendre éternellement en l'objectivité, s'abandonne par là, dans cette figure qui est la sienne, à la passion et à la mort, et, de ses cendres, s'élève dans la majesté. Le divin, dans sa figure et objectivité, a immédiatement une nature doublée, et sa vie est l'absolu être-un de ces [deux] natures ; mais le mouvement du conflit absolu de ces deux natures s'expose, en la nature divine, qui s'y est comprise, comme [la] bravoure, avec laquelle elle se libère de la mort de l'autre nature luttant avec elle, [et,] toutefois, par cette libération,

36. « indifferentiirt ».

donne sa propre vie — car celle-ci est seulement dans l'être-lié avec cet Autre —, mais ressuscite tout aussi absolument à partir de et hors de lui, car, dans cette mort, en tant qu'elle est le sacrifice de la deuxième nature, la mort est réprimée ; — mais, apparaissant à même l'autre [nature], le mouvement divin s'expose de telle sorte que la pure abstraction de cette nature, qui serait une puissance simplement souterraine, [une puissance] négative pure, est supprimée par la réunion vivante avec la nature divine, que celle-ci transparaît à l'intérieur d'elle [37] et, par cet être-un idéel dans l'esprit, fait d'elle son corps vivant réconcilié, qui, en tant qu'il est le corps, reste en même temps dans la différence et dans la caducité, et, par l'esprit, intuitionne le divin comme un être étranger à lui-même. — L'image de cette tragédie, déterminée de façon plus précise pour l'[élément] éthique, est l'issue de ce qui fut le procès des Euménides [38], comme des puissances du droit, qui est dans la différence, et d'Apollon, le dieu de la lumière indifférente, concernant Oreste, devant l'organisation éthique, | le peuple d'Athènes, — lequel, de manière humaine, en tant qu'Aréopage d'Athènes, met dans l'urne des deux puissances des voix en nombre égal, reconnaît la subsistance de toutes deux l'une à côté de l'autre, cependant, ainsi, ne règle pas le conflit et ne détermine aucune relation et aucun rapport de ces puissances, — mais, de manière divine, en tant que l'Athéna d'Athènes, restitue totalement l'homme qui a été, par le dieu lui-même, impliqué dans la différence, à celui-ci, et, avec la séparation des puissances qui avaient toutes deux part au criminel, entreprend aussi la réconciliation d'une façon telle que les Euménides seraient honorées par ce peuple en tant que puissances divines et auraient maintenant leur séjour dans la cité, si bien que leur nature sauvage jouirait de l'intuition d'Athéna ayant son trône tout en haut, sur la colline fortifiée, en face de leur autel érigé en bas dans la cité, et par là serait apaisée.

Si la *tragédie* réside en ce que la nature éthique sépare de soi et s'oppose comme un destin sa nature inorganique, afin qu'elle ne s'engage pas dans une intrication avec celle-ci, et, par la reconnaissance de ce destin dans le combat, est réconciliée avec l'essence divine en tant qu'elle est l'unité des deux, par contre — pour développer complètement cette image — la

---

37. « dass diese in sie hineinscheint ».
38. Hegel parle ici de l'*Orestie* d'Eschyle.

comédie, en général, tombera du côté de l'absence de destin ; soit qu'elle tombe à l'intérieur de la vitalité absolue, et ainsi représente seulement des ombres d'oppositions ou des combats pour rire avec un destin fabriqué et un ennemi produit par la fiction, soit qu'elle tombe à l'intérieur de la non-vitalité, et ainsi représente seulement des ombres de subsistance-par-soi et d'absoluité, — la comédie en cette forme-là étant l'ancienne ou divine comédie, la comédie en cette forme-ci étant la comédie moderne. La *comédie divine* est sans destin | et sans véritable combat, pour cette raison qu'en elle l'absolue assurance et certitude de la réalité de l'absolu est sans opposition, et ce qui, comme opposition, introduit un mouvement dans cette complète sécurité et tranquillité est seulement une opposition privée de sérieux, n'ayant aucune vérité intérieure, — que cette opposition se présente alors, face à la divinité apparaissant dans la dimension de ce qui est étranger, et au dehors, mais se tenant là dans une certitude absolue, comme le reste ou le rêve d'une conscience d'une subsistance-par-soi isolée en sa singularité, aussi comme une conscience, certes fixée et maintenue ferme, de l'originalité propre [39], mais elle-même dans une complète impuissance et privation de force, — ou bien que l'opposition se présente aussi dans une divinité ayant le sentiment de soi et consciente en elle-même, qui, avec conscience, s'engendre des oppositions et des jeux dans lesquels elle risque, avec une absolue légèreté d'esprit, tel ou tel de ses membres pour remporter un prix déterminé, et laisse ses côtés et moments multiformes s'accoucher en une individualité accomplie et se former en des organisations propres, de même qu'elle peut, en général, aussi en tant que tout, prendre ses mouvements, non pas comme des mouvements face à un destin, mais comme des contingences, s'estimant elle-même comme invincible, estimant la perte pour rien, certaine de la maîtrise absolue sur toute originalité propre et extravagance [40], et consciente de ce que Platon dit, eu égard à autre chose, à savoir qu'une polis a une nature forte à étonner [41]. Une telle organisation éthique poussera, par exemple, sans péril ni angoisse ou envie, des membres singuliers à des extrêmes du talent dans chaque art, science et savoir-faire, et fera d'eux en ces domaines

39. « Eigenheit ».
40. « Ausschweifung ».
41. Cf. PLATON, *Politique,* 302 a : « ἢ ἐκεῖνο ἡμῖν θαυμαστέον μᾶλλον, ὡς ἰσχυρόν τι πόλις ἐστὶ φύσει ; » (« Ne nous faut-il pas plutôt nous étonner de ceci, à savoir combien une cité est par nature quelque chose de fort ? »).

quelque chose de particulier, | — sûre d'elle-même, [et] que de telles monstruosités divines ne nuisent pas à la beauté de sa figure, mais sont des traits comiques qui rassérènent un moment de sa figure ; comme de tels rehaussements rassérénants de traits singuliers, nous pourrons, pour citer un peuple déterminé, regarder les Homère, Pindare, Eschyle, Sophocle, Platon, Aristophane, etc., mais également, aussi bien dans la réaction sérieuse contre la particularisation devenant plus sérieuse de Socrate, et, en outre, dans le repentir portant sur elle, que dans la multitude pullulante et la haute énergie des individualisations germant en même temps, nous ne méconnaîtrons pas qu'il y avait ce qui annonçait la vitalité intérieure permettant [à cette organisation éthique] d'émerger en ses extrêmes, [ce qui annonçait] dans la maturité de ces semences sa force, mais aussi la proximité de la mort de ce corps qui la portait, et que, quant aux oppositions qu'elle-même en général provoquait et qu'elle pouvait auparavant, même dans leur aspect plus sérieux et ayant une emprise plus grande, comme des guerres, susciter et cultiver comme des contingences et avec une égale légèreté d'esprit, [elle] ne devait plus les prendre pour des ombres, mais pour un destin devenant trop puissant.

Mais, d'un autre côté, il y a l'*autre comédie*, dont les intrications sont sans destin et sans véritable combat, parce que la nature éthique est prise dans celui-là lui-même ; les nœuds ne s'entrelacent pas ici en des oppositions de jeu, mais en des oppositions sérieuses pour cet instinct éthique [42], toutefois comiques pour le spectateur, et le salut vis-à-vis d'eux est cherché dans une affectation de caractère et d'absoluité, qui se trouve constamment trompée et démontée. L'instinct éthique (car ce n'est pas la nature éthique absolue consciente qui joue dans cette comédie) | doit nécessairement, pour le dire brièvement, changer l'être subsistant en l'absoluité formelle et négative du droit, et, par là, donner à son angoisse l'avis qu'il y a une fixité pour sa possession, ériger ses biens, par des traités et des contrats et par toutes les garanties imaginables stipulées par des clauses [43], en quelque chose de sûr et de certain, déduire les systèmes les concernant de l'expérience et de la raison, comme de la certitude et nécessité elle-même, et les fonder avec les raisonnements les plus profonds, — mais, de même que des

---

42. « für diesen sittlichen Trieb ».
43. *O :* « Verklausirungen » ; il faut lire : « Verklausulirungen » (c. *W, L, B-P*).

esprits souterrains, chez le poète, voyaient les plantations qu'ils faisaient dans les déserts de l'enfer balayées par la première bourrasque [44], de même [l'instinct éthique doit nécessairement] voir emportées, par le premier mouvement dans lequel l'esprit de la terre se retourne ou même se redresse [45], des moitiés de sciences et des sciences entières, qui étaient prouvées à partir de l'expérience et de la raison, [voir] un système de droit refoulé par l'autre, [voir] ici l'humanité venir à la place de la dureté, là, au même moment, la volonté de la puissance venir à la place de la sécurité du contrat, et, dans le [domaine] scientifique comme dans la réalité effective, [voir] ravagées les possessions les mieux acquises et les plus assurées de principes et de droits, — et, ou bien s'imaginer que ce sont les efforts propres se maintenant en suspens, avec raison et volonté, au-dessus du destin, qui s'épuisent au travail [46] dans un tel matériau et qui ont pu provoquer de tels changements, ou bien, encore, s'enflammer à leur sujet comme au sujet de quelque chose d'inattendu et d'incongru, et d'abord invoquer tous les

---

44. Hegel a pu songer ici (cf. *B-P*, p. 617, note 461, 10-12) à un passage du *Messie* de Klopstock, dans lequel le poète, après avoir évoqué, parmi les princes de l'enfer, la figure de Moloch, décrit la rage de Belielel (dont le nom est emprunté à Bélial, un diable biblique, et à une figure infernale de Milton), qui, sous les sourires de l'Éternel, s'efforce en vain de faire naître, dans les déserts infernaux traversés seulement par les ruisseaux ténébreux de la mort et dévastés par les horribles bourrasques des ouragans, le printemps immortel, à la douceur séraphique, que la terre oppose aux abîmes maudits où Satan a son trône (KLOPSTOCK, *Der Messias*, II [ter] Gesang, v. 370-386, *in : Ausgewählte Werke*, Carl Hanser Verlag, Munich, 1962, p. 228 :

    « Vor ihm bebte der Berg, und hinter ihm sanken die Felsen
    Zitternd herab. So ging er, und kam zu dem Throne Satans.
    Belielel erschien nach ihm. Er kam verstummend
    Aus den Wäldern und Auen, aus denen die Bäche des Todes
    Dunkel von nebelndem Quell nach Satans Throne sich wälzen,
    Dort bewohnte Belielel. Umsonst ist seine Bemühung,
    Ewig umsonst, des Fluches Gefild nach den Welten des Schöpfers
    Umzuschaffen. Ihm siehst du mit hohem erhabenen Lächeln,
    Ewiger, zu, wenn er den furchtbarbrausenden Sturmwind
    Sehnsuchtsvoll, hinsinkendes Arms, gleich kühlenden Westen,
    Vor sich über am traurigen Bache zu führen, sich mühet.
    Denn der braust unaufhaltsam dahin, und Schrecknisse Gottes
    Rauschen auf seinen verderbenden Flügeln ; und öde Verwüstung
    Bleibt ungestalt im erschütterten Abgrund hinter ihm liegen.
    Grimmig denkt Belielel an jenen unsterblichen Frühling,
    Der die himmlische Flur, wie ein junger Seraph, umlächelt. »).

45. « durch die nächste Umwendung oder gar Emporrichtung des Erden-geistes ».

46. « sich abarbeiten ».

dieux contre une telle nécessité, et ensuite s'en accommoder ; dans les deux cas, l'instinct éthique, qui cherche dans ces finités une infinité absolue, ne donne que la farce de sa croyance et de son | illusion ne mourant pas, qui, étant au comble de l'obscurité là où elle s'imagine être au comble de la clarté, est déjà en perte et en tort là où elle s'imagine reposer dans les bras de la justice, de la sûreté et de la jouissance même.

La comédie sépare l'une de l'autre les deux zones de l'[élément] éthique de telle sorte qu'elle laisse vivre chacune purement pour elle-même, que, dans l'une, les oppositions et le fini sont une ombre sans essence, tandis que, dans l'autre, l'absolu est une illusion ; mais le rapport vrai et absolu est que l'une paraît sérieusement dans l'autre, que chacune est avec l'autre dans une relation quasi-corporelle [47], et qu'elles sont réciproquement l'une pour l'autre le destin [en son] sérieux ; le rapport absolu est ainsi proposé dans la tragédie.

Car, bien que, dans la figure vivante ou la totalité organique de la vie éthique, ce qui constitue le côté réel de cette dernière soit dans le fini et, pour cette raison, ne puisse pas, à la vérité, faire entrer en et pour soi complètement son essence corporelle dans la divinité de cette vie éthique, il exprime pourtant déjà en soi-même l'Idée absolue de celle-ci, mais défigurée ; elle ne réunit pas, à la vérité, intérieurement en elle les moments, maintenus l'un en dehors de l'autre en tant que nécessité, de la vie éthique pour en faire l'infinité absolue, mais elle a cette unité seulement comme une subsistance-par-soi négative imitée, à savoir comme liberté de l'[individu] singulier ; mais cette essence réelle est pourtant liée sans réserve à la nature et figure indifférente absolue de la vie éthique ; s'il lui faut intuitionner celle-ci seulement comme un être étranger, elle l'intuitionne pourtant, et, dans l'esprit, elle ne fait qu'un avec elle. Ce qui, sans réserve, même pour cette essence, est premier, c'est que ce qui est la figure entièrement pure et | indifférente et la conscience absolue *soit*, et ce qui est second, c'est ce qui importe peu, à savoir qu'elle-même, en tant que le réel, s'y rapporte seulement comme sa conscience empirique, — de même que ce qui est premier, c'est qu'une œuvre d'art absolue soit, et que ce qui est seulement second, c'est si cet [individu] singulier déterminé est son auteur ou s'il ne fait que l'intuitionner et en jouir. Aussi nécessaire qu'est cette existence-là de l'absolu, aussi nécessaire est également-

47. « in leibhafter Beziehung ».

ment ce partage-ci, [à savoir] que quelque chose soit ce qui est
l'esprit vivant, la conscience absolue, et l'indifférence absolue
de l'idéel et du réel de la vie éthique elle-même, mais autre chose
son âme incarnée et mortelle et sa conscience empirique, qui
ne peut pas réunir complètement sa forme absolue et l'essence
intérieure, mais jouit pourtant de l'intuition absolue comme
d'un être en quelque sorte étranger à elle, et [qui], pour la
conscience réelle, est une avec cet être par la crainte et la
confiance ainsi que par l'obéissance, mais, pour la conscience
idéelle, se réunit entièrement avec lui dans la religion, le dieu
commun et le service de ce dernier.

Mais ce que, sous la forme extérieure du premier état, nous
avons placé de l'un des côtés, est la conscience absolue réelle
de la vie éthique. Elle est conscience, et, comme telle [48], suivant
le côté négatif, infinité pure et l'abstraction suprême de la
liberté, c'est-à-dire le rapport, poussé jusqu'à sa suppression, de
la répression, ou la mort violente libre ; — mais, suivant le côté
positif, la conscience est la singularité et particularité de l'individu. Mais cet être en soi négatif, à savoir la conscience en
général, dont les différenciations indiquées ne sont que | les deux
côtés, est, d'une manière complète, accueilli absolument dans
le positif, sa particularité et son infinité ou idéalité le sont
absolument dans l'universel et le réel, — lequel être-un est l'Idée
de la vie absolue de la condition éthique. Dans cet être-un de
l'infinité et de la réalité dans l'organisation éthique, la nature
divine, dont Platon dit qu'elle est un animal immortel, mais
dont l'âme et le corps sont pour l'éternité unis de naissance [49],
paraît présenter la richesse de sa multiplicité variée en même
temps dans la plus haute énergie de l'infinité et unité, qui devient
la nature tout à fait simple de l'élément idéel. Car, si le minéral
le plus parfait représente bien, dans chaque partie qui est
séparée d'une masse, la nature du tout, sa forme idéelle est,
aussi bien en tant que forme intérieure de la cassure qu'également en tant que la forme extérieure de la cristallisation, une
extériorité réciproque, et ce n'est pas là que, comme dans les
éléments de l'eau, du feu et de l'air, chaque partie singulière [50] est

---

48. *O :* « also solches » ; il faut lire : « als solches » (cf. *W, L, B-P*).

49. Cf. PLATON, *Phèdre*, 246 c-d : « ... ἀθάνατον τὶ ζῶον, ἔχον μὲν
ψυχήν, ἔχον δὲ σῶμα · τὸν ἀεὶ δὲ χρόνον ταῦτα ξυμπεφυκότα »
(« ...un animal immortel, ayant une âme et ayant un corps ; ceux-ci étant unis
de naissance pour l'éternité »).

50. « besondere » ; strictement : « particulière ».

la nature accomplie et le représentant du tout aussi bien suivant l'essence que suivant la forme ou infinité. Pas davantage, la forme réelle du minéral, elle non plus, n'est pénétrée par l'identité véritable de l'infinité, mais les sens de ce minéral n'ont aucune conscience ; sa lumière est une couleur singulière et ne voit pas, — ou, s'il est l'indifférence de la couleur, il n'y a aucun point d'arrêt contre le passage de celle-ci à travers lui-même ; le son qui est le sien résonne lorsque quelque chose d'étranger le fait vibrer, mais non de par lui-même ; son goût ne goûte pas, sa senteur ne sent pas, sa pesanteur et dureté ne touche pas ; s'il n'est pas pris dans la singularité des déterminations du sens, mais les réunit dans | l'indifférence, il est l'absence-de-différence non déployée, fermée en elle-même, non l'unité se séparant en elle-même et subjuguant sa séparation, — de même qu'aussi les éléments, qui, en toutes leurs parties, sont semblables à eux-mêmes, ont en eux seulement la possibilité, non l'effectivité, des différences, et seulement l'indifférence sous la forme de la quantité, non en tant qu'indifférence de ce qui est posé qualitativement. Mais la terre, en tant que l'élément organique et individuel, se répand, par le système de ses figures, à partir de la rigidité et individualité première, en du qualitatif et en de la différence, et c'est seulement dans l'indifférence absolue de la nature éthique qu'elle se résume en l'égalité accomplie de toutes les parties et [en] l'être-un réel absolu du singulier avec l'absolu — en l'éther premier, qui, à partir de sa forme égale à elle-même, fluide et molle, disperse sa quantité pure, à travers les formations individuelles, en de la singularité et en du nombre, et réprime complètement ce système absolument cassant et rebelle par ceci que le nombre est réduit pour donner l'unité pure et l'infinité, et devient intelligence, et qu'ainsi le négatif, par ceci qu'il devient absolument négatif, — car le concept absolu est le contraire absolu immédiat de soi-même, et le néant est, comme dit un ancien, non moins que le quelque chose [51], — peut être complètement un avec ce qui est positivement absolu ; et, dans l'intelligence, la forme, ou l'idéel, est forme absolue, et, comme telle, réelle, et, dans la vie éthique absolue, la forme absolue est liée de la façon la plus vraie avec la substance absolue. Parmi

---

51. Cf. ARISTOTE, *Métaphysique*, A 4, 985 b 8. — Dans ce passage, Aristote parle de Leucippe et Démocrite, qui prennent pour principes le plein, qu'ils appellent l'être, et le vide, qu'ils appellent le non-être, et qui, pour cette raison, « disent que le non-être n'est pas du tout moins que l'être » (« διὸ καὶ οὐθὲν μᾶλλον τὸ ὂν τοῦ μὴ ὄντος εἶναι φασίν »).

les individualités des formations qui résident entre la substance simple | [qui est] dans la réalité, en tant que pur éther, et cette substance en tant qu'elle est le mariage avec l'infinité absolue, aucune ne peut amener la forme et l'unité qualitative — que ce soit par le moyen de l'égalité quantitative, élémentaire, du tout et des parties, ou, dans des formations supérieures, par le moyen de l'individualisation allant dans l'être plus singulier des parties, et, en même temps, de la réunion formelle de celles-ci en un tout par le moyen de la sociabilité des feuilles des plantes, du sexe, de la vie en troupeau et du travail en commun des animaux — à l'indifférence absolue avec l'essence et la substance, qui est dans la vie éthique, — parce que, dans l'intelligence seule, l'individualisation est poussée à l'extrême absolu, c'est-à-dire au concept absolu, le négatif est poussé jusqu'à l'absolument-négatif, [à savoir] d'être le contraire non médiatisé de soi-même. Celle-ci est ainsi seule capable, — en étant singularité absolue, d'être absolue universalité, — en étant absolue négation et subjectivité, d'être absolue position et objectivité, — en étant absolue différence et infinité, d'être absolue indifférence, et d'être la totalité *actu* dans le déploiement de toutes les oppositions, et *potentia* dans l'absolu être-anéanti et être-un [52] de celles-ci, l'identité suprême de la réalité et de l'idéalité. Si l'éther a, dans les indifférences de lumière, jeté au dehors en direction de la multiplicité variée son indifférence absolue, et s'il a, dans les fleurs des systèmes solaires, fait naître au dehors en l'expansion sa raison et totalité intérieure, si, cependant, ces individus de lumière évoqués d'abord sont dispersés dans la multiplicité, tandis que les individus qui forment les pétales, se disposant en cercle, de ces fleurs des systèmes solaires évoquées ensuite doivent nécessairement se tenir face à ceux-là dans une individualité rigide, | et si, de la sorte, à l'unité de ceux-là manque la forme de l'universalité, à l'unité de celles-ci l'unité pure, et si aucune des deux ne porte en elle le concept absolu comme tel, — dans le système de la vie éthique les éléments déployés les uns hors des autres de la fleur du système céleste [53] sont pris ensemble, et les individus absolus sont pleinement unifiés ensemble en l'universalité, et la réalité ou le corps ne fait qu'un, au plus haut point, avec l'âme, parce que la multiplicité réelle du corps elle-même n'est rien d'autre que l'idéalité abstraite,

---

52. *O :* « in dem absoluten venichtet und einssein derselben » ; il faut lire : « in dem absoluten vernichtet— und einssein derselben » (cf. *W, L, B-P*).

53. « die auseinandergefaltete Blume des himmlischen Systems ».

[et] les concepts absolus, de purs individus, ce par quoi ceux-ci eux-mêmes ont le pouvoir d'être le système absolu. C'est pourquoi, si l'absolu est ceci, [à savoir] qu'il s'intuitionne lui-même, et cela comme lui-même, et si cette intuition absolue dont il s'agit là et cette connaissance de soi dont il s'agit ici, cette expansion infinie dont il s'agit là et cette infinie reprise en soi-même de cette dernière dont il s'agit ici, ne font absolument qu'un, alors, si les deux [moments] sont, en tant qu'attributs, réels, l'esprit est plus haut que la nature ; car, si celle-ci est l'absolue intuition de soi et l'effectivité de la médiation et du déploiement infiniment différenciés, l'esprit, qui est l'intuition de soi comme de soi-même ou la connaissance absolue, est, dans la reprise en soi-même de l'univers, aussi bien la totalité — aux éléments jetés les uns hors des autres — de cette multiplicité [54] sur laquelle il a prise, qu'également l'absolue idéalité de celle-ci, dans laquelle il anéantit cette extériorité réciproque et la réfléchit en lui-même comme dans le point-d'unité non médiatisé du concept infini [55]. |

De cette Idée de la nature de la vie éthique absolue se dégage comme résultat un rapport dont il y a encore à parler, le rapport de la vie éthique de l'individu à la vie éthique absolue réelle, et le rapport des sciences qui traitent de celles-ci, [celui] de la morale et du droit naturel. Comme, en effet, la vie éthique absolue réelle comprend réunie en elle l'infinité, ou le concept absolu — la singularité pure — [pris] sans réserve et dans son abstraction suprême, elle est immédiatement vie éthique de l'[individu] singulier, et, inversement, l'essence de la vie éthique de l'[individu] singulier est sans réserve la vie éthique absolue réelle et, pour cette raison, universelle ; la vie éthique de l'[individu] singulier est une pulsation du système tout entier, et même le système tout entier. Nous remarquons ici aussi une indication de la langue, qui, d'autres fois récusée, est parfaitement justifiée à partir de ce qui précède, à savoir qu'il est dans la nature de la vie éthique absolue, d'être un universel ou des *coutumes éthiques* [56], — qu'ainsi le mot grec qui désigne la vie éthique, et le mot allemand, expriment excellemment cette

---

54. « die auseinandergeworfene Totalität dieser Vielheit ».

55. Ici se termine le deuxième cahier du deuxième tome du *Journal critique de la philosophie* ; la suite de l'article sur le droit naturel, en son édition originale, se trouve dans le troisième cahier de ce tome, dont elle constitue le début.

56. « *Sitten* ».

nature qui est la sienne, — mais que les récents systèmes de
la vie éthique, tandis qu'ils font d'un être-pour-soi et de la singularité le principe, ne peuvent manquer d'exposer à même ces
mots leur relation, — et que cette indication intérieure s'avère
ici si puissante que ces systèmes-là, pour désigner *leur* chose,|
n'ont pas pu employer à cela ces mots-là en mésusant d'eux,
mais ont adopté le mot : moralité[57], qui, certes, suivant son
origine, renvoie également, par ce qu'il indique, dans cette
direction, mais, puisqu'il est davantage un mot qui a d'abord
été fabriqué[58], ne se hérisse pas aussi immédiatement contre
sa plus mauvaise signification.

Mais la vie éthique absolue est, d'après ce qui précède, si
essentiellement la vie éthique de tous que l'on ne peut dire
d'elle qu'elle se reflète comme telle à même l'[individu] singulier,
car elle est tout autant son essence que l'éther pénétrant la
nature est l'inséparable essence des figures de la nature, et que
l'idéalité des formes apparaissantes de celle-ci, l'espace, ne se
particularise absolument pour rien, en aucune ; mais, de même
que les lignes et les angles du cristal, dans lesquels il exprime
la forme extérieure de sa nature, sont des négations, de même
la vie éthique, pour autant qu'elle s'exprime à même l'[individu]
singulier comme tel, est un négatif. Elle ne peut, en premier
lieu, s'exprimer dans l'[individu] singulier si elle n'est pas son
âme, et elle ne l'est que pour autant qu'elle est un universel et
l'esprit pur d'un peuple ; le positif est, par nature, antérieur au
négatif ; ou, comme Aristote le dit, le peuple est, par nature,
antérieur à l'[individu] singulier, — car, si l'[individu] singulier,
pris à part, n'est rien de subsistant-par-soi, il lui faut, sembla-
blement à toutes les parties, être dans une unique unité avec
le tout, — mais celui qui ne peut pas être dans une communauté,
ou qui, par subsistance-par-soi, n'a besoin de rien, n'est pas une
partie d'un peuple et, pour cette raison, est ou [un] animal ou
[un] dieu[59]. Ensuite, pour autant qu'elle s'exprime dans l'[indi-

---

57. « Moralität ».
58. « ein erst gemachtes Wort ».
59. Cf. ARISTOTE, *Politique*, I 2, 1253 a 25-29 : « ὅτι μὲν οὖν ἡ πόλις καὶ φύσει
καὶ πρότερον ἢ ἕκαστος, δῆλον · εἰ γὰρ μὴ αὐτάρκης ἕκαστος χωρισθείς,
ὁμοίως τοῖς ἄλλοις μέρεσιν ἕξει πρὸς τὸ ὅλον, ὁ δὲ μὴ δυνάμενος κοινωνεῖν
ἢ μηδὲν δεόμενος δι' αὐτάρκειαν οὐθὲν μέρος πόλεως, ὥστε ἢ θηρίον ἢ θεός. »
(cf. trad. TRICOT, I, *op. cit.*, p. 30 : « Que dans ces conditions la cité soit aussi
antérieure naturellement à l'individu, cela est évident : si, en effet, l'individu pris
isolément est incapable de se suffire à lui-même, il sera par rapport à la cité
comme, dans nos autres exemples, les parties sont par rapport au tout. Mais

vidu] singulier comme tel, elle est posée sous la forme de la
négation, c'est-à-dire qu'elle est la possibilité de l'esprit universel ;
et les propriétés éthiques qui appartiennent à l'[individu] singu-
lier, comme le courage, ou la tempérance,| ou l'économie, ou
la libéralité, etc., sont une vie éthique négative, à savoir telle
que, dans la particularité de l'[individu] singulier, ne soit pas
véritablement fixée une singularité, ni faite une réelle abstraction, — et des possibilités ou capacités d'être dans la vie éthique
universelle. Ces vertus, qui sont en soi des possibilités et dans
une signification négative, sont l'objet de la morale, et l'on voit
que le rapport du droit naturel et de la morale s'est, de cette
manière, inversé, — que, en effet, à la morale revient seulement
le domaine de ce qui est en soi négatif, mais, au droit naturel,
ce qui est véritablement positif, suivant son nom, [à savoir]
qu'il doit construire comment la nature éthique accède à son
droit véritable, — alors qu'au contraire, si aussi bien le négatif
qu'également celui-ci en tant que l'abstraction de l'extériorité,
de la loi morale formelle, de la volonté pure et de la volonté
de l'[individu] singulier, et ensuite les synthèses de ces abstractions comme la contrainte, la limitation de la liberté de l'[indi-
vidu] singulier par le concept de la liberté universelle, etc.,
exprimaient la détermination du droit naturel, il serait un non-
droit naturel, en tant que, lorsqu'on place au fondement de
telles négations comme réalités, la nature éthique est plongée
dans la plus profonde corruption et infortune.

Mais, de même que ces propriétés sont le reflet de la vie
éthique absolue dans l'[individu] singulier en tant qu'il est le
négatif, mais dans l'[individu] singulier qui est dans une indifférence absolue avec l'universel et le tout, — donc son reflet
dans sa conscience pure —, de même il faut qu'aussi un reflet
d'elle dans sa conscience empirique soit présent et qu'un tel
reflet constitue la nature éthique du deuxième état, qui est dans
la réalité se tenant en sa fixité, dans la possession et propriété,|
et en dehors de la bravoure. C'est alors pour ce reflet de la vie
éthique absolue que la signification habituelle de la moralité
peut plus ou moins convenir ; [il est] le *formalisme* de la position comme non différentes [60] des déterminités du rapport, donc

l'homme qui est dans l'incapacité d'être membre d'une communauté, ou qui
n'en éprouve nullement le besoin parce qu'il se suffit à lui-même, ne fait en rien
partie d'une cité, et par conséquent est ou une brute ou un dieu. »).

60. « das *formelle* Indifferentsetzen ».

la vie éthique du bourgeois [61] ou de l'homme privé, pour laquelle la différence des rapports est fixe, et qui dépend d'eux et est en eux. Une science de cette moralité est, par conséquent, avant tout la notion [62] de ces rapports eux-mêmes, de telle sorte que, dans la mesure où ils sont considérés relativement à l'[élément] éthique, puisque cette notion, à cause de l'être-fixé absolu, ne peut être que formelle, précisément cette expression mentionnée plus haut [63] de tautologie trouve ici sa place : ce rapport-ci est seulement ce rapport-ci ; si tu es dans ce rapport-ci, alors sois, relativement à lui, en lui ; car, si, dans des actions qui ont une relation avec ce rapport-ci, tu n'agis pas en relation avec lui, tu l'anéantis, tu le supprimes. Le sens vrai de cette tautologie inclut en même temps immédiatement en lui-même que ce rapport même n'est rien d'absolu et qu'ainsi la moralité, elle aussi, qui le vise, est quelque chose de dépendant et n'est rien de véritablement éthique, — lequel sens vrai se dégage, suivant ce qui a été dit plus haut [64], de ceci, [à savoir] que seule la forme du concept, l'unité analytique, est l'absolu, et donc le négativement-absolu, à cause du contenu qui, en tant que quelque chose de déterminé, contredit la forme.

Mais ces propriétés dont il a été question, qui sont véritablement éthiques, en tant qu'en elles le particulier ou négatif apparaît [comme] accueilli purement dans l'indifférence, peuvent s'appeler des propriétés éthiques, et seulement ensuite des vertus quand elles s'individualisent, à nouveau, dans une énergie supérieure | et, toutefois à l'intérieur de la vie éthique absolue, deviennent en quelque sorte des figures vivantes propres, telles que les vertus d'un Épaminondas, d'un Hannibal, d'un César et de quelques autres. Comme de telles énergies, elles sont des figures, et, donc, ne sont pas en soi absolues, pas plus que les figures des autres formations organiques, mais [elles sont] l'émergence plus forte d'un côté de l'Idée du tout ; et la morale des vertus, ou — si nous voulons déterminer la morale en général de la moralité et si, pour l'exposition de la vertu, le nom d'*éthique* [65] était pris — l'éthique doit nécessairement, pour cette raison, être seulement une description naturelle des vertus [66].

---

61. En français dans le texte.
62. « Kenntniss ».
63. Cf. ci-dessus, pp. 37 sqq.
64. Cf. ci-dessus, pp. 34 sqq.
65. « *Ethik* ».
66. « eine Naturbeschreibung der Tugenden ».

Comme, alors, celle-ci a rapport au subjectif ou négatif, le négatif en général doit nécessairement être différencié, en tant que la subsistance de la différence et en tant que le manque de celle-ci ; ce premier négatif-là est ce dont il était question tout à l'heure ; mais cet autre négatif-ci, le manque de la différence, représente la totalité en tant que quelque chose d'enveloppé et de non déployé, en quoi il n'y a pas le mouvement et l'infinité en sa réalité. Le vivant, sous cette forme-ci du négatif, est le *devenir* de la vie éthique, et l'*éducation*, suivant sa déterminité, est la suppression progressive, qui se manifeste, du négatif ou subjectif ; car l'enfant est, en tant qu'[il est] la forme de la possibilité d'un individu éthique, un [être] subjectif ou négatif dont le devenir-adulte est la cessation de cette forme et dont l'éducation est la discipline ou la répression de celle-ci ; mais ce qui est le positif et l'essence, c'est que, abreuvé au sein de la vie éthique universelle, il vit dans l'intuition absolue de celle-ci tout d'abord comme d'une essence étrangère, la conçoit de plus en plus et, | ainsi, passe dans l'esprit universel. De là, il ressort de soi-même que ces vertus dont il a été question, aussi bien que la vie éthique absolue, ne sont, pas plus que le devenir de celle-ci moyennant l'éducation, un effort en vue d'un vie éthique propre et séparée, et que le zèle se déployant pour une vie éthique positive propre est quelque chose qui est vain et en soi-même impossible ; et, eu égard à la vie éthique, le mot des hommes les plus sages de l'antiquité est seul ce qu'il y a de vrai, [à savoir] que ce qui est éthique, c'est de vivre conformément aux coutumes éthiques de son pays ; et, eu égard à l'éducation, [c'est] ce qu'un pythagoricien répondait à quelqu'un lui demandant quelle serait la meilleure éducation pour son fils : « [C'est] si tu fais de lui le citoyen d'un peuple bien organisé » [67].

Si, de la sorte, l'[élément] absolument éthique a son corps organique propre à même les individus et si ce qui est son mouvement et sa vitalité dans l'être et agir commun de tous est absolument identique en tant qu'[un] universel et [en tant qu'un] particulier, et si nous l'avons considéré, tout à l'heure, dans la particularité — mais de telle manière que l'essence de celle-ci soit l'absolument-identique —, mais, en général, dans

---

67. Cf. Diogène Laërce, VIII, 16 : « ... ἔνθα καὶ Ξενόφιλον τὸν Πυθαγορικὸν, ἐρωτηθέντα, πῶς ἂν μάλιστα τὸν υἱὸν παιδεύσειεν, εἰπεῖν, εἰ πόλεως εὐνομουμένης γενηθείη » (« ...et que, alors, le pythagoricien Xenophilos, à qui il demandait comment il éduquerait le mieux son fils, déclara que ce serait s'il devenait membre d'une cité régie par de bonnes lois. »).

l'identité dont il a été question, il faut qu'il se représente aussi dans la *forme de l'universalité* et de la connaissance, en tant que *système de la législation*, — de telle sorte que ce système exprime pleinement la réalité ou les coutumes éthiques présentes vivantes, — afin qu'il ne se produise pas, comme c'est souvent le cas, que ce qui dans un peuple est juste et dans l'effectivité ne puisse pas être connu à partir de ses lois, laquelle inaptitude à mettre les coutumes éthiques véritables dans la forme de lois, et la peur angoissée de penser ces coutumes éthiques, de les regarder et reconnaître comme siennes, sont le signe de la barbarie.| Mais cette idéalité des coutumes éthiques, cette forme de l'universalité, qui est la leur, dans les lois, doit nécessairement, pour autant qu'elle subsiste comme idéalité, en même temps aussi être, en retour, pleinement réunie avec la forme de la particularité, et ainsi l'idéalité comme telle [doit nécessairement] obtenir une figure absolue pure, donc être intuitionnée et adorée comme dieu du peuple, et cette intuition elle-même [doit nécessairement], à son tour, avoir sa vivacité [68] et son mouvement plein de joie dans un culte.

[IV] [1]

Après que nous avons ainsi exposé la vie éthique absolue dans les moments de sa totalité et construit son Idée, [et] aussi anéanti la distinction, régnante relativement à elle, entre légalité et moralité, ainsi que les abstractions, liées à cette distinction, de la liberté universelle d'une raison pratique formelle, comme choses-de-pensée dépourvues d'essence, puis déterminé, non par un éventuel mélange des deux principes, mais par leur suppression et la constitution de l'identité éthique absolue, les différences de la science du droit naturel et de la morale, suivant l'Idée absolue, — nous avons établi que leur essence n'est pas une abstraction, mais la vitalité de l'[élément] éthique, et que leur différence concerne seulement ce qui est extérieur et négatif, puis, que cette différence, en même temps, est le rapport pleinement inversé relativement à l'autre différence, en tant que, suivant cette dernière, au droit naturel doit être donné comme essence ce qui est formel et négatif, mais, à la morale, ce qui est absolu et positif, mais de telle manière que même cet absolu, lui aussi, est, en vérité, quelque chose qui n'est pas moins formel et négatif, et que ce qui s'appelle ici [le] formel et [le] négatif[2] n'est absolument rien du tout.|

Nous n'avons maintenant, pour indiquer encore *le rapport du droit naturel aux sciences positives du droit,* qu'à reprendre le fil [du développement] de ce droit naturel là où nous avons cessé d'en poursuivre plus loin l'étude, et à désigner l'endroit où il aboutit.

Remarquons par avance, d'une façon générale, que la philosophie, par l'universalité du concept d'une déterminité ou d'une puissance[3], se fixe arbitrairement sa limite par rapport à une science déterminée ; la science déterminée n'est rien d'autre que l'exposition et analyse (le mot étant pris en son sens plus élevé) progressive de la manière dont ce que la philosophie laisse, sans le développer, comme une déterminité simple, se ramifie à son tour et est soi-même totalité. Mais la possibilité d'un tel développement réside, *formellement,* en ce que, dans l'Idée, il y a immédiatement la loi de la forme absolue et de la totalité, suivant laquelle une déterminité peut être davantage connue et développée ; mais la possibilité *réelle* est présente du fait qu'une telle déterminité ou puissance non développée par la philosophie n'est pas une abstraction ou un atome véritablement simple, mais, comme tout dans la philosophie, [est] réalité, et une réalité est réalité pour cette raison qu'elle est totalité, et même le système des puissances ; exposer la puissance comme [une] telle [totalité] est le développement qui appartient à la science déterminée.

Il suit de là que nous pourrions dire, pour le moment, qu'une bonne partie de ce que l'on nomme [les] sciences positives du droit, peut-être le tout de celles-ci, tomberait à l'intérieur de la philosophie complètement développée et déployée, — et que, pour cette raison qu'elles se constituent comme des sciences propres,|elles ne sont ni exclues de la philosophie ni opposées

---

2. *O :* « was hier formelle und negative heisst » ; *W, L :* « was hier Formelles und Negatives heisst » ; *B-P :* « was hier das formelle und negative heisst », — c'est cette dernière leçon que nous retenons.

3. « einer Bestimmtheit oder einer Potenz ».

à elle ; par l'être-pour-soi et la différenciation empirique de ce corps de sciences n'est posée aucune différenciation véritable de celui-ci d'avec la philosophie. Le fait qu'elles se nomment des sciences empiriques, qui pour une part veulent avoir leur applicabilité dans le monde effectif et faire valoir leurs lois et leur façon de procéder aussi devant la façon commune de se représenter [les choses], pour une autre part se rapportent à des systèmes individuels de constitutions et législations existantes, et appartiennent à un peuple déterminé ainsi qu'à un temps déterminé, ne détermine aucune différence les excluant nécessairement de la philosophie, car rien ne doit être aussi applicable à la réalité effective ni être autant justifié devant la façon universelle de se représenter [les choses], c'est-à-dire devant celle qui est véritablement universelle — car il y a des façons communes de se représenter [les choses], qui sont, en l'occurrence, très particulières —, que ce qui vient de la philosophie ; de même qu'aussi rien ne doit pouvoir être autant individuel, vivant et subsistant, que précisément cela même. Pour pouvoir parler du rapport de ces sciences à la philosophie, il faut préalablement fixer et déterminer une différence par laquelle elles sont des sciences positives.

En premier lieu, les sciences positives comprennent, sous la réalité effective à laquelle elles prétendent se rapporter, non seulement ce qui est historique, mais aussi les concepts, principes, rapports, et, d'une façon générale, beaucoup de choses qui appartiennent en soi à la raison et doivent exprimer une vérité et nécessité intérieure. Or, au sujet de telles choses, en appeler à la réalité effective et à l'expérience, | et les tenir ferme comme quelque chose de positif à l'encontre de la philosophie, doit être en et pour soi reconnu comme inadmissible. Il est impossible que ce que la philosophie démontre comme non réel se présente véritablement dans l'expérience ; et, si la science positive en appelle à la réalité effective et à l'expérience, la philosophie peut tout autant exprimer selon la relation empirique sa démonstration de la non-réalité d'un concept affirmé par la science positive, et nier que ce non-réel dont il a été question, que la science positive prétend trouver dans l'expérience et la réalité effective, soit trouvé en elles. L'avis [4] que l'on fait l'expérience de quelque chose de tel, une manière de voir subjective contingente, la philosophie, sans doute, les accordera, mais la

4. « Das Meynen ».

science positive, lorsqu'elle prétend trouver et montrer dans
l'expérience ses représentations et concepts fondamentaux, veut
par là affirmer quelque chose de réel, de nécessaire et d'objectif,
non une manière de voir subjective. Si quelque chose est une
manière de voir subjective ou une représentation objective, un
avis ou une vérité, seule la philosophie peut en décider. A la
science positive elle peut rendre *ad hominem* sa manière de
faire et, outre qu'elle lui dénie le fait qu'une représentation lui
appartenant se présente dans l'expérience, affirmer, au contraire,
que seule la représentation appartenant à la philosophie peut
être trouvée dans l'expérience. Que la philosophie puisse montrer
sa représentation dans l'expérience, la raison en réside immédiatement dans la nature ambiguë de ce que l'on nomme expérience. Car ce n'est pas l'intuition immédiate elle-même, mais
l'intuition élevée dans l'[élément] intellectuel, pensée et expli-
quée, enlevée à sa singularité et | exprimée comme nécessité, qui
vaut comme expérience. Ce qui importe ainsi, quant à ce qui est
montré dans l'expérience et comme expérience, ce n'est pas en
elle ce que, en relation avec la séparation qui est apportée dans
l'intuition par la pensée, nous pouvons appeler [la] réalité
effective. Mais, l'intuition étant amenée dans le champ de la
pensée, il faut que l'avis cède à la vérité de la philosophie. Or,
cette différenciation — dont il a été question — de ce que la
science positive croit, en son avis, avoir pris immédiatement de
l'intuition, mais par quoi elle-même l'a déterminée comme par
un rapport et concept d'elle, d'avec ce qui n'appartient pas à la
pensée, est dans tous les cas très facile à montrer, et, donc, la
pleine compétence de la philosophie à s'en saisir [est très facile]
à prouver. Ensuite, parce qu'une telle pensée qui en appelle à la
réalité effective a coutume d'être, dans son avis, véritablement
positive en ce qu'elle est dans l'opposition et tient ferme des
déterminités, donc prend pour absolues des choses-de-pensée ou
des choses de l'imagination, et en tire ses principes, elle est
exposée à ceci que, à même chaque déterminité, il lui est
toujours montré la déterminité opposée, et que, de ce qu'elle
admet, c'est bien plutôt directement le contraire qui est dérivé.
De même que, si une augmentation de la densité ou du poids
spécifique d'un corps est expliquée comme un accroissement de la
force attractive, elle peut tout aussi bien être expliquée comme
un accroissement de la force répulsive ; car il peut seulement
y avoir d'autant plus d'attraction qu'il y a de la répulsion ; l'un
[des moments] n'a de signification qu'en relation avec l'autre ;
d'autant l'un serait plus grand que l'autre, d'autant il ne serait

absolument pas ; et ce qui, donc, | devrait être regardé comme
un accroissement de l'un peut être regardé rigoureusement
comme un accroissement de [son] contraire.

De même, ainsi, lorsque, dans le droit naturel en général
ou dans le cas de la théorie de la peine en particulier, un rapport
est déterminé comme contrainte, et que la philosophie démontre
le caractère de néant de ce concept alors que la science positive
invoque l'expérience et l'effectivité, [à savoir] que la contrainte
serait bien effectivement quelque chose de réel, que la contrainte
aurait effectivement lieu, la non-réalité — démontrée par la
philosophie — de celle-ci peut, avec le même droit et avec
l'invocation de l'expérience et de l'effectivité, être exprimée en
des termes tels que, selon eux, il n'y aurait absolument aucune
contrainte et que jamais un homme ne serait contraint ni
n'aurait été contraint. Car il ne s'agit ici absolument que de
l'explication du phénomène, [à savoir] si, en vue de la représentation de la contrainte, quelque chose est considéré comme un
[être] simplement extérieur, ou bien s'il est considéré comme
un [être] intérieur. Si, donc, on veut montrer quelque part
l'existence de la contrainte, d'un seul et même phénomène peut
être montré exactement le contraire, à savoir qu'il ne serait
pas une contrainte, mais, bien plutôt, une manifestation de la
liberté ; car, du fait que le phénomène est accueilli dans la forme
de la représentation et ainsi déterminé par l'intérieur, [par]
l'idéel, le sujet est dans la liberté à l'égard de lui. Et, si ce qui
doit être regardé comme [un] extérieur et comme [une]
contrainte est — pour que soit éliminée l'opposition de l'intérieur
ou de la liberté — transporté dans l'intérieur lui-même, et si, en
conséquence, on fait valoir une contrainte psychologique, cet
accueil de l'extérieur dans l'intérieur ne sert pas davantage. Car
la pensée reste absolument libre et la contrainte psychologique
ou la contrainte de pensée ne peut pas la lier ; la possibilité | de
supprimer la déterminité qui est représentée et qui doit servir
comme contrainte est absolue ; il est, sans réserve, possible de
prendre sur soi la perte d'une déterminité, dont on est menacé
par la peine, et d'abandonner ce que la loi veut, dans la peine,
arracher. Si, donc, dans l'explication d'un phénomène, la représentation d'une déterminité, en tant que contrainte, est dite agir
efficiemment ou avoir agi efficiemment, l'explication à partir du
contraire, [à savoir] que le phénomène serait une manifestation
de la liberté, est tout aussi absolument possible. Par ceci que
le mobile sensible — que ce soit celui qui doit pousser à l'action
ou celui qui, du côté de la loi, doit faire reculer par crainte

devant elle — est quelque chose de psychologique, c'est-à-dire quelque chose d'intérieur, il est immédiatement posé dans la liberté, qui a pu ou non faire abstraction de lui, et, dans un cas comme dans l'autre, il y a liberté de la volonté. Mais, si l'on maintient là-contre que l'on *est* pourtant *d'avis* — et que c'est une manière universelle de se représenter [les choses] — qu'une contrainte — et une contrainte psychologique — a lieu, cela, premièrement, n'est pas vrai, mais on est d'avis tout aussi bien, et sans doute plus universellement, qu'une action, ou l'omission d'une action, vient de la volonté libre, — et ensuite, pour l'établissement de principes et la détermination des lois, on n'aurait pas plus à se soucier de l'avis que les astronomes ne se laissent, dans la connaissance des lois du ciel, arrêter par l'avis que le soleil et les planètes ainsi que toutes les étoiles se meuvent autour de la terre, sont exactement aussi grands qu'ils apparaissent, etc., — pas plus que le patron d'un bateau ne se soucie de l'avis que le bateau est en repos et que les rives avancent; si, dans les deux cas, on s'en tenait à l'avis, | ceux-là trouveraient impossible de concevoir le système solaire et celui-ci ferait cesser le travail aux rameurs ou leur ferait amener les voiles, et, dans les deux cas, ils se trouveraient aussitôt dans l'impossibilité d'atteindre leur but et ils s'apercevraient immédiatement de la non-réalité de l'avis dès qu'ils voudraient avouer sa réalité, — comme il a été montré plus haut [5], que la contrainte, pensée comme réalité, c'est-à-dire représentée dans un système et dans la totalité, se supprime immédiatement et supprime le tout.

En tant qu'ainsi une déterminité qui est tenue ferme par l'avis de la science positive est le contraire direct d'elle-même, alors, pour les deux parties dont chacune s'en tient à l'une des déterminités opposées, il est également possible de réfuter l'autre, laquelle possibilité de la réfutation consiste en ceci que, de chaque déterminité, il est montré qu'elle n'est absolument pas pensable et [n'est] absolument rien sans [la] relation à la déterminité opposée à elle; mais, du fait qu'elle n'est et qu'elle n'a de signification qu'en relation avec cette dernière, celle-ci, la déterminité opposée, peut et doit immédiatement aussi bien être présente et être montrée. Que + A n'a aucun sens sans relation à un — A, on peut le prouver à partir de ceci, qu'avec + A, immédiatement — A est, ce que l'adversaire saisit alors de

5. Cf. ci-dessus, pp. 45 sqq.

telle manière que — A serait ici présent plutôt que + A ; mais,
à son — A, on peut répliquer la même chose. Mais, souvent,
on ne se donne pas non plus cette peine, et, par exemple, de la
liberté opposée aux mobiles sensibles, qui, à cause de cette
opposition, est tout aussi peu une vraie liberté, il n'est pas
montré que tout ce qu'on voudrait expliquer comme manifes-
tation de cette liberté, | devrait proprement être expliqué comme
effet des mobiles sensibles, — ce qui se laisse très bien faire,
mais pas plus qu'il se laisse montrer, en retour, au contraire,
que ce qui serait, à ce qu'on prétend, expérimenté comme effet
des mobiles sensibles devrait proprement être expérimenté
comme effet de la liberté ; au contraire, on fait carrément
abstraction de la liberté et l'on affirme qu'elle n'a pas du tout
sa place ici parce qu'elle est quelque chose d'intérieur, plus
encore quelque chose de moral, et même quelque chose de
métaphysique, — mais on ne pense pas, alors, que l'autre déterminité, à laquelle on s'en tient, à savoir la contrainte et le mobile
sensible par le moyen duquel celle-ci doit être posée, n'a, en
tant que quelque chose d'extérieur, absolument aucune signification[6] sans l'intérieur [qui lui est] opposé ou la liberté, et
que celle-ci ne peut absolument pas être séparée de la contrainte.
Si l'action qui est un crime est regardée par le côté suivant
lequel, par elle, à l'encontre de la peine dont elle est menacée
et du mobile sensible que la loi suscite par cette menace,
quelque chose de *déterminé* est voulu, ce déterminé signifie
quelque chose de sensible, et l'on dira que c'est d'une excitation
sensible que le crime provient ; mais, par l'autre côté, à savoir
que l'action est un vouloir et la possibilité [qui est] en elle de
faire abstraction du mobile sensible de la loi, elle apparaît
comme libre ; et aucun aspect, ni cette déterminité-là ni cette
cette possibilité-ci, ne peut être négligé, mais l'un [des moments]
est absolument relié à l'autre, et, par là, chacun peut immédiatement être dérivé de son contraire. Mais la logique de l'avis est
d'avis que, si une déterminité — un opposé — est posée, | on peut
effectivement faire abstraction de l'autre, opposée, déterminité,
et se passer d'elle, — de même qu'aussi cette logique-là, en vertu
du caractère spécial[7] de son principe de contradiction, ne peut
absolument pas concevoir que, dans de telles déterminités, le

6. (cf. *W*, *B P*) : « durch die er gesetzt sein soll als etwas äusserliches, gar
keine Bedeutung hat » ; *L* : « durch die er gesetzt sein soll, als etwas Äusserliches
gar keine Bedeutung hat », — c'est cette dernière leçon que nous retenons.
7. « vermöge der Art ».

contraire de chacune est tout à fait indifférent pour la détermination de l'intuition et que, dans cette abstraction et cette
essence négative, le contraire est pleinement égal à son contraire,
— [et,] encore moins, que tous les deux, comme la liberté qui
fait face à la sensibilité, ainsi que la sensibilité et la contrainte,
ne sont absolument rien de réel, mais de simples choses-de-
pensée et êtres de l'imagination.

Dans la mesure, ainsi, où une science du droit est positive
par ceci qu'elle s'en tient à l'avis et à des abstractions sans
essence, la démarche par laquelle elle en appelle à l'expérience
ou à sa détermination de l'applicabilité à l'effectivité, ou au bon
sens et à la manière universelle de se représenter [les choses],
ou même par laquelle elle en appelle à la philosophie, n'a pas le
moindre sens.

Si alors nous considérons de plus près le fondement par
lequel la science devient positive de la manière indiquée, et si,
d'une façon générale, nous examinons le fondement de l'apparence et de l'avis, le résultat est qu'il réside dans la *forme*, en
tant que, en effet, ce qui est idéel, quelque chose d'opposé,
d'unilatéral, et a de la réalité uniquement dans l'identité absolue
avec l'opposé, est posé isolé, étant pour soi, et est exprimé
comme quelque chose de réel. Cette forme est ce par quoi l'intuition, immédiatement supprimée, et le tout, dissous, cessent
d'être un tout et quelque chose de réel ; cette différence | du
positif et du non-positif ne vise donc pas le contenu. Il est, du
fait de cette forme, possible que, non seulement, comme dans
ce qui a été montré plus haut [8], une abstraction purement
formelle soit fixée, et faussement affirmée comme une vérité et
réalité, mais aussi qu'une Idée véritable et un principe authentique soient méconnus pour ce qui est de leur limite et posés
en dehors de la puissance [9] dans laquelle ils ont leur vérité, et
par là perdent complètement leur vérité. Qu'un principe appar-
tienne à une puissance, c'est là le côté de sa déterminité ; mais,
dans la puissance elle-même, cette déterminité est présente [en
étant] tout aussi bien réduite à l'indifférence [10] et réellement
pénétrée par l'Idée, et, par là, [elle est] principe vrai ; et alors
le principe, en tant qu'il est l'Idée, qui apparaît dans ces déterminités [comme] [11] dans sa figure, est connu seulement comme

8. Cf. ci-dessus, pp. 86 sqq.
9. « Potenz ».
10. « indifferentiirt ».
11. « als » n'est pas imprimé en *O*.

principe de cette puissance, et, par là, sa limite et son être-conditionné sont connus. Mais il est entièrement arraché à sa vérité
lorsque, dans son être-conditionné, il est rendu absolu, ou même
étendu au-dessus de la nature d'autres puissances. L'unité claire
absolue de la vie éthique est absolue et vivante en ceci que ni
une puissance singulière ni la subsistance des puissances en
général ne peuvent être fermes, mais que, de même qu'elle les
étend éternellement, tout aussi absolument elle les broie
ensemble et les supprime, et jouit d'elle-même dans une unité
et clarté non développée, et [que], par rapport aux puissances,
sûre de sa vie interne, et indivisible, tantôt elle fait tort à l'une
par l'autre, tantôt elle passe totalement dans l'une et anéantit
les autres, de même qu'en général, à partir de et hors de ce
mouvement, elle se retire tout autant dans le repos absolu,
dans lequel toutes sont supprimées. Au contraire, | la maladie et
le commencement de la mort sont présents lorsqu'une partie
s'organise elle-même et se soustrait à la domination du tout,
par laquelle singularisation isolante [12] elle affecte négativement
celui-ci ou même le contraint à s'organiser uniquement pour
cette puissance, — comme lorsque la vitalité, obéissant au tout,
des viscères se forme en animaux propres, ou que le foie se
constitue en organe dominant et contraint l'organisation tout
entière à l'accomplissement de sa fonction. De même, il peut
arriver, dans le système universel de la vie éthique, que, par
exemple, le principe et système du droit civil, qui vise la
possession et la propriété [13], s'enfonce ainsi en lui-même et, dans
la vaste étendue en laquelle il se perd, se prenne pour une
totalité qui serait en soi, inconditionnée et absolue. On a déjà,
plus haut [14], déterminé la négativité intérieure de cette puissance
aussi suivant son contenu, qui est le fini subsistant, et le reflet
de l'indifférence, qui est en lui possible, peut d'autant moins être
pris pour quelque chose d'absolu. De même que, pas davantage,
le système même de l'acquisition industrieuse et de la possession,
la richesse d'un peuple, et, dans ce système, à nouveau, une
puissance singulière, que ce soit l'agriculture, ou les manufac-
tures et fabriques, ou le commerce, ne peuvent être constitués
en puissances inconditionnées.

Mais, plus encore, une puissance singulière devient positive
lorsqu'elle-même et son principe oublient tellement leur être-

12. « Vereinzelung ».
13. *O :* « Eiglnthum » ; il faut lire, bien sûr : « Eigenthum » (cf. *W, L, B-P*).
14. Cf. ci-dessus, pp. 57 sqq.

conditionné qu'ils empiètent sur d'autres et se les soumettent.
De même que le principe de la mécanique s'est introduit de
force dans la chimie et la science de la nature, et que celui de
la chimie, à son tour, s'est tout | particulièrement introduit de
force dans cette dernière, de même tel a été le cas, dans la
philosophie de l'[élément] éthique, à diverses époques, avec
divers principes ; mais à l'époque moderne, dans l'aménagement
intérieur du droit naturel, cette justice extérieure, l'infinité
réfléchie dans le fini subsistant et, pour cette raison, formelle,
qui constitue le principe du droit civil, s'est acquis une domination souveraine particulière sur le droit politique et le droit
international. La forme d'un rapport subordonné tel que l'est
le contrat s'est introduite de force dans la majesté absolue de
la totalité éthique, et, par exemple, pour la monarchie, l'universalité absolue du point central et l'être-un du particulier en lui
ont été conçus tantôt, suivant le contrat de procuration, comme
un rapport d'un fonctionnaire suprême de l'État à l'abstraction
de l'État, tantôt, suivant le rapport du contrat commun en
général, comme une affaire de deux parties déterminées dont
chacune a besoin de l'autre, comme un rapport de prestation
réciproque, et, par de tels rapports, qui sont entièrement dans
le fini, l'Idée et la majesté absolue ont été immédiatement
anéanties, — de même qu'est aussi contradictoire en soi ce qui
se passe lorsque, pour le droit international, c'est suivant le
rapport du contrat civil — lequel contrat vise immédiatement
la singularité et dépendance des sujets — que doit être déterminé le rapport de peuples absolument subsistants-par-soi et
libres, qui sont des totalités éthiques. De même, le droit
politique, lui aussi, pourrait vouloir se rapporter comme tel
absolument au singulier et, en tant qu'une police achevée,
pénétrer entièrement l'être du singulier, et ainsi anéantir la
liberté civile, ce qui serait le despotisme le plus dur, | — comme
Fichte veut voir tout agir et être du singulier en tant que tel
contrôlé, su et déterminé [15] par l'universel opposé à lui et par
l'abstraction. Le principe moral pourrait, lui aussi, vouloir s'introduire de force dans le système de la vie éthique absolue et se
placer à la tête du droit public aussi bien que du droit privé,
comme aussi du droit international, ce qui serait tout autant
la plus grande faiblesse que le plus profond despotisme et la

---

15. *O* (cf. *L*) : « ...gewusst und bestimmt seyn will » ; il faut lire, croyons-
nous : « ...gewusst und bestimmt sehen will » (cf. *W, B-P*).

perte totale de l'Idée d'une organisation éthique, puisque le principal moral, comme celui du droit civil, est seulement dans le fini et le singulier.

De même que, dans la science, une telle fixation et un tel isolement des principes singuliers et de leurs systèmes, ainsi que leur empiètement sur d'autres, sont empêchés seulement par la philosophie, en tant que la partie ne connaît pas sa limite, mais doit nécessairement, bien plutôt, avoir la tendance de se constituer comme un tout et un absolu, tandis que la philosophie se trouve dans l'Idée du tout au-dessus des parties, et, par là, tient chaque [élément] dans sa limite aussi bien qu'elle empêche également, par l'élévation de l'Idée elle-même, que la partie, dans son partage, ne continue de se propager en la petitesse sans fin, — de même, cette limitation et idéellisation des puissances s'expose, dans la réalité, comme l'histoire de la totalité éthique, dans laquelle celle-ci oscille, en s'élevant et en s'abaissant, dans le temps, fixe en son équilibre absolu, entre les opposés, tantôt rappelle le droit politique à sa déterminité par une légère prépondérance du droit civil, tantôt opère, par la prépondérance de celui-là, des brèches et déchirures dans celui-ci, et ainsi, pour une part, revivifie pour un temps chaque système en général par un | séjour plus vigoureux en lui, pour une autre part, rappelle à tous les systèmes en leur séparation leur temporalité et dépendance, aussi bien qu'également elle détruit leur extension qui se propage et leur auto-organisation par ceci que, ces systèmes, dans des moments singuliers, elle [16] les confond tous d'un seul coup, qu'elle les présente absorbés en elle-même, et, nés à nouveau de l'unité, avec le rappel de cette dépendance et avec le sentiment de leur faiblesse s'ils veulent être pour eux-mêmes, les laisse à nouveau aller au dehors.

Ce caractère de la positivité des sciences du droit concerne la forme par laquelle une puissance se pose isolée et absolue ; et par ce côté, tout comme la religion et quoi que ce soit, toute science philosophique aussi peut être renversée et viciée. Mais il nous faut considérer la positivité aussi du côté de la matière. Car, quoique aussi bien ce que nous avons appelé tout à l'heure positif que ce que nous considérons maintenant comme matière soient l'un et l'autre dans le particulier, nous avons cependant tout à l'heure considéré la liaison extérieure de la forme de

16. O : « es » ; il faut lire : «sie » (cf. W, L, B-P).

l'universalité avec la particularité et déterminité, mais maintenant nous considérons le particulier comme tel.

Et, à cet égard, nous devons avant toutes choses embrasser
les intérêts de ce qui peut, suivant sa matière, être posé comme
positif, contre le formalisme ; car celui-ci déchire l'intuition et
son identité de l'universel et du particulier, oppose l'une à l'autre
les abstractions de l'universel et du particulier, et, ce qu'il peut
exclure de cette vacuité-là, mais subsumer sous l'abstraction de
la particularité, | il le tient pour du positif, — sans réfléchir que,
par cette opposition, l'universel devient tout autant un positif
que le particulier ; car, comme on l'a montré tout à l'heure [17], du
fait de la forme de l'opposition, dans laquelle il est présent dans
cette abstraction-là, il devient positif. Mais le réel est absolument
une identité de l'universel et du particulier, et c'est pourquoi
cette abstraction-là et la position de l'un des opposés qui
naissent du fait de l'abstraction, — de l'universel —, comme
d'un étant-en-soi, ne peuvent avoir lieu. Et surtout, si la pensée
formelle est conséquente, elle doit nécessairement, si elle
conçoit le particulier comme du positif, n'avoir absolument
aucun contenu ; dans la raison pure de la pensée formelle,
absolument toute pluralité et capacité-de-différenciation doit
disparaître, et l'on ne peut pas voir du tout comment on devrait
parvenir ne serait-ce qu'à la plus indigente pluralité de rubriques
et de chapitres, — de même que ceux qui conçoivent l'essence
de l'organisme comme l'abstraction d'une force vitale, doivent
proprement, pour ce qui est des membres, et du cerveau, et du
cœur, et de tous les viscères, les concevoir comme quelque chose
de particulier, de contingent et de positif, et les laisser de côté.

Du fait que, de même que tout vivant, de même aussi l'[être]
éthique est absolument une identité de l'universel et du particulier, il est une individualité et une figure ; il porte en lui-même
la particularité, la nécessité, le rapport, c'est-à-dire l'identité
relative, mais réduite à l'indifférence [18], assimilée, et par là il est
libre en elle ; et cela, ce qui peut être regardé par la réflexion
comme particularité, n'est pas un positif ni un opposé à l'égard
de l'individu vivant, | qui, par cela, est en connexion avec la
contingence et nécessité, mais de façon vivante ; ce côté est sa
nature inorganique, mais organisée à même lui-même dans la
figure et individualité [19]. Ainsi, pour nommer ce qu'il y a de plus

---

17. Cf. ci-dessus, pp. 90 sq.
18. « indifferentiirt ».
19. O (cf. W, L) : « aber in der Gestalt und Individualität sich an organi-

universel, le climat déterminé d'un peuple et son époque dans la culture du genre universel appartiennent à la nécessité, et, de la chaîne — qui s'étend loin — de celle-ci, seul un unique maillon échoit à son présent, — lequel maillon est à concevoir, suivant le premier côté, à partir de la géographie, suivant l'autre, à partir de l'histoire. Mais en ce maillon s'est organisée l'individualité éthique, et la déterminité de celui-là ne concerne pas celle-ci, mais la nécessité ; car la vitalité éthique du peuple est précisément en ceci qu'il a une figure dans laquelle la déterminité est, toutefois non pas en tant qu'un positif (selon l'usage que nous avons fait jusqu'à présent du mot), mais absolument réunie avec l'universalité et vivifiée par elle. Et ce côté est très important aussi pour la raison suivante, [à savoir] afin qu'il soit connu comment la philosophie enseigne à honorer la nécessité, aussi bien pour cette raison qu'elle est un tout et que seule l'intellection limitée s'en tient à la singularité et méprise celle-ci comme une contingence, — qu'également pour cette raison qu'elle supprime l'aspect de la singularité et de la contingence de telle manière qu'elle montre de lui comment il n'empêche pas en soi la vie, mais que celle-ci, en [20] le laissant subsister comme il est suivant la nécessité, l'arrache néanmoins en même temps aussi à celle-ci, le pénètre et vivifie. Pas plus que l'élément de l'eau, à même lequel une partie du monde animal s'organise, et l'élément de l'air, à même lequel une autre partie de ce monde s'organise [21], ne sont, celui-là pour le poisson, celui-ci pour l'oiseau, pour cette raison qu'ils sont des éléments singuliers, quelque chose | de positif ou de mort, pas davantage cette forme-ci de la vie éthique, dans laquelle elle s'organise dans ce climat-ci et dans cette période-ci d'une culture particulière et de la culture universelle, n'est quelque chose de positif en elle. De même que la totalité de la vie est aussi bien

---

sirt » ; *B-P :* « aber in der Gestalt und Individualität an sich organisirt ». — Nous ne retenons pas la correction de *B-P*, qui nous semble à la fois inutile (le sens étant le même, que « an » soit une particule entraînant un complément au datif, ou une préposition) et arbitraire (puisque, un peu plus loin, la même expression du texte original — « an-organisieren » avec le datif — est conservée par cette même édition *B-P*, cf. ci-dessous, note 21) ; le réfléchi « sich » s'explique par le fait que le sujet réel dans la perspective duquel est envisagée l'organisation de la nature inorganique est l'individu vivant dont il était ici question, qui est l'agent et le lieu de cette organisation.

20. *O :* « dass dieses sie, indem » ; il faut lire : « dass dieses, indem » (cf. *W, L, B-P*).

21. « und das Element der Luft, dem sich ein anderer an organisirt ».

dans la nature du polype que dans la nature du rossignol et du lion, de même l'esprit du monde a, dans chaque figure, son sentiment de soi plus sourd ou plus développé, mais absolu, et, dans chaque peuple, sous chaque tout de coutumes éthiques et de lois, son essence, et il y a joui de lui-même. Vers l'extérieur, le degré est tout autant justifié, lequel côté extérieur appartient à la nécessité comme telle ; car, aussi dans cette abstraction de la nécessité, la singularité est, à nouveau, par l'Idée, absolument supprimée ; cette singularité du degré du polype, du rossignol et du lion est [une] puissance d'un tout, et, dans cette connexion, elle est honorée. Au-dessus des degrés singuliers plane l'Idée de la totalité, qui, toutefois, se réverbère à partir de l'intégralité de son image aux éléments jetés les uns hors des autres [22], et s'y intuitionne et connaît ; et cette totalité de l'image étendue est la justification du singulier comme d'un [être] subsistant. Voilà pourquoi c'est le point de vue formel qui apporte à une individualité la forme de la particularité et supprime la vitalité dans laquelle la particularité est réelle, — mais le point de vue empirique, qui, là où la réalité d'un degré déterminé est posée, réclame un degré supérieur ; le degré supérieur, aussi dans sa réalité développée, et empiriquement, est tout aussi bien existant ; le développement supérieur de la vie de la plante est dans le polype, le développement supérieur de celle du polype est dans l'insecte, etc... C'est seulement une déraison empirique qui veut apercevoir dans le polype | la présentation empirique du degré supérieur [, celui] de l'insecte ; le polype qui ne serait pas un polype ne reste rien d'autre que ce mort fragment de matière déterminé se tenant avec moi dans une relation empirique, qui est mort et [qui est] de la matière pour autant que je le pose comme une vide possibilité d'être quelque chose d'autre, cette vacuité étant la mort ; s'il s'agit absolument, sans une relation empirique, de la présentation supérieure, elle peut être trouvée ; car elle doit, suivant la nécessité absolue, être existante. — Ainsi, par exemple, la constitution féodale peut bien apparaître comme quelque chose de totalement positif ; toutefois, en premier lieu, [vue] du côté de la nécessité, elle n'est pas un singulier absolu, mais [est] purement et simplement dans la totalité de la nécessité ; mais vers l'intérieur, par rapport à la vie elle-même, qu'elle soit positive, cela dépend du fait que [, ou

---

22. « die sich aber aus ihrem ganzen auseinandergeworfenen Bilde wieder-strahlt ».

non,] le peuple s'est en elle véritablement organisé comme individualité, remplit complètement et pénètre de façon vivante la
figure de ce système dont il a été question, [cela dépend de
ceci, à savoir] si la loi de ces rapports est [, ou non,] une
coutume éthique. S'il vient ainsi à se trouver que le génie d'une
nation en général soit [enfoui] plus profond et soit un génie
plus faible — et la faiblesse de la vie éthique est dans la
barbarie et dans la culture formelle à son degré le plus dur —,
si elle [23] a dû se laisser vaincre par une autre, perdre son indé-
pendance, [et] ainsi a préféré le malheur et l'ignominie de la
perte de la subsistance-par-soi au combat et à la mort, si elle
est si grossièrement plongée dans la réalité de la vie animale
qu'elle ne s'élève même pas dans l'identité formelle, dans
l'abstraction d'un universel, et ainsi, dans la détermination des
rapports pour le besoin physique, ne peut pas supporter le
rapport du droit, mais seulement [celui] de la personnalité, —
ou, de même, si la réalité de l'universel|et du droit a perdu
toute créance et toute vérité, et si elle-même [24] ne peut éprouver
et savourer en elle-même l'image de la divinité, mais doit la
poser hors d'elle-même et, pour elle, se contenter d'un sentiment
sourd ou du sentiment tout douloureux de la grande distance
et sublimité, — alors, constitution féodale et servitude ont une
vérité absolue, et ce rapport est la seule forme possible de la
vie éthique et, pour cette raison, la forme nécessaire, juste et
éthique.

A partir de cette individualité du tout et du caractère déterminé d'un peuple, on peut bien connaître aussi le système tout
entier dans lequel la totalité absolue s'organise ; on peut
connaître comment toutes les parties de la constitution et de la
législation, toutes les déterminations des rapports éthiques sont
déterminées absolument par le tout et forment un édifice dans
lequel aucun assemblage et aucun ornement n'ont été présents
pour eux-mêmes *a priori,* mais [dans lequel] chacun est devenu
moyennant le tout et est assujetti à lui. Dans ce sens, Montes-
quieu a fondé son œuvre immortelle sur l'intuition de l'individualité et du caractère des peuples, et, s'il ne s'est pas élevé
à l'Idée la plus vivante, néanmoins, en un sens absolu, il n'a
pas déduit les structures et les lois singulières de la soi-disant
raison, et il ne les a pas abstraites de l'expérience, et, ensuite,

23. Il s'agit, bien sûr, de la nation.
24. *Id.*

érigées en quelque chose d'universel, mais, de même que les rapports plus élevés des parties relatives au droit politique, de même aussi les déterminations plus basses des rapports civils — en descendant jusqu'aux testaments, lois matrimoniales, etc. —, | il ne les a conçues absolument qu'à partir du caractère du tout et de son individualité, et, par là, aux théoriciens empiriques qui croient connaître les contingences de leurs systèmes de l'État et des lois à partir de la raison, et les avoir dégagées de l'entendement humain lui-même ou encore de l'expérience universelle, il a montré, d'une manière qui leur est compréhensible, que la raison, et l'entendement humain, et l'expérience, d'où proviennent les lois déterminées, ne sont aucune raison ni aucune entendement humain *a priori*, ni non plus aucune expérience *a priori*, ce qui serait une expérience absolument universelle, mais purement et simplement l'individualité vivante d'un peuple, une individualité dont les déterminités les plus hautes peuvent, à leur tour, être conçues à partir d'une nécessité plus universelle.

Ainsi qu'il a été montré plus haut[25], relativement à la science, que chaque puissance singulière peut être fixée, et la science, par là, devenir positive, ainsi la même chose peut être affirmée de l'individu éthique ou du peuple. Car, suivant la nécessité, la totalité doit s'exposer, en lui, comme subsistance des déterminités jetées les unes hors des autres, et le maillon unique de la chaîne, sous lequel il est, dans le présent, posé, doit passer, et un autre faire son apparition. En tant que l'individu croît de cette manière, qu'une puissance émerge plus vigoureusement et que l'autre s'efface, il arrive que les parties qui se sont organisées dans la dernière se trouvent comme retranchées et comme mortes. Ce partage, dans lequel quelque [élément] mûrit à une vie nouvelle tandis que l'autre, qui s'est établi ferme sur le degré d'une déterminité, demeure en arrière et | voit la vie le fuir lui-même, est seulement possible par ceci que la déterminité d'un degré a été fixée et a été rendue formellement absolue ; la forme de la loi, qui a été donnée à la coutume éthique déterminée et qui est l'universalité ou le négativement-absolu de l'identité, lui donne l'apparence d'un étant-en-soi ; et, si la masse d'un peuple est grande, la partie aussi de celui-ci est grande, qui s'organise dans cette déterminité-là ; et la conscience qui se fait d'elle dans la loi pèse d'un grand poids

25. Cf. ci-dessus, pp. 90 sqq.

sur l'[être] inconscient de la vie qui tend à s'élever nouvelle-
ment. Lorsque coutume éthique et loi ne faisaient qu'un, la
déterminité n'était rien de positif, mais, lorsque avec la crois-
sance de l'individu le tout ne progresse pas de manière égale,
loi et coutume éthique se séparent, l'unité vivante qui relie
les membres s'affaiblit, et, dans le présent du tout, il n'y a plus
aucune absolue connexion et nécessité. Ici, donc, l'individu ne
peut pas être connu à partir de lui-même, car sa déterminité
est sans la vie qui l'explique et la rend concevable ; et, en tant
que la nouvelle coutume éthique commence de même à s'appré-
hender en des lois, il doit absolument surgir une contradiction
interne des lois entre elles. Alors que, dans l'histoire antérieure,
il y a seulement un côté de la vue [qu'on en a], et que ce qui
est nécessaire est en même temps libre, au contraire, ici, la
nécessité ne fait plus un avec la liberté et échoit, dans cette
mesure, entièrement à l'histoire pure ; ce qui n'a dans le présent
aucun fondement vivant véritable a son fondement dans un
passé, c'est-à-dire qu'il y a à chercher un temps dans lequel la
déterminité fixée dans la loi, mais qui a fini par mourir [26], était
[une] coutume éthique vivante, et en accord | avec le reste de
la législation. Mais l'effet de l'explication purement historique
des lois et structures ne va pas plus loin que ce qu'on a précisément en vue dans ce but de la connaissance ; elle outrepassera
sa destination et vérité si, par elle, la loi qui n'avait de vérité
que dans une vie passée doit être justifiée pour le présent ; au
contraire, cette connaissance historique de la loi, qui sait
montrer le fondement de cette dernière uniquement dans des coutumes éthiques perdues et dans une vie qui a fini par mourir,
prouve précisément que maintenant, dans le présent vivant, lui
manquent le sens et la signification, bien que, par la forme de
la loi et par ceci qu'il y a encore des parties du tout qui sont
[prises] dans l'intérêt qu'a cette loi et lient à elle leur être-là,
elle ait encore puissance et autorité.

Mais il faut, pour la différenciation juste de ce qui est mort
et n'a aucune vérité et de ce qui est encore vivant, rappeler une
différence qui peut échapper à la manière de voir formelle et
qui doit nécessairement empêcher que ce qui est en soi négatif
ne soit pris pour [une] loi vivante et, donc, la domination des
lois en soi négatives, pour [un] être-vivifié de l'organisation. Car
des lois qui soustraient à la domination souveraine du tout des
déterminités et parties singulières, [qui] excluent de celles-ci

---

26. « die ...erstorbene Bestimmtheit ».

l'autorité de celui-là et constituent les exceptions du singulier par rapport à l'universel, sont en soi quelque chose de négatif et un signe de la mort commençante qui, pour la vie, devient de plus en plus menaçante | suivant qu'il advient davantage de négatif et d'exceptions, et que ces lois, qui se dirigent vers cette dissolution, deviennent trop puissantes pour les lois vraies qui constituent l'unité du tout. Au compte de ce qui est positif et a fini par mourir, il ne faut donc pas seulement mettre ce qui appartient totalement à un passé et n'a plus aucun présent vivant, et qui est seulement une puissance privée de sens et — parce que c'est là quelque chose qui est sans signification intérieure — cynique, mais sans vérité véritablement positive est aussi ce qui fixe le négatif, la dissolution et la séparation d'avec la totalité éthique. Cet [élément]-là est l'histoire d'une vie passée, mais cet [élément]-ci est la représentation déterminée de la mort présente. Ainsi, dans un peuple dissous, comme, par exemple, dans le peuple allemand, les lois peuvent assurément paraître avoir une vérité, si l'on ne distingue pas si elles sont des lois du négatif et de la séparation ou des lois de ce qui est véritablement positif et de l'unité. Immédiatement avec ceci que les lois organisant un tout n'ont de signification que pour un passé et se rapportent à une figure et individualité qui est depuis longtemps quittée comme une enveloppe morte, qu'elles n'ont plus d'intérêt que pour des parties et, par là, ne posent pas une relation vivante à l'égard du tout, mais une autorité et domination étrangère à lui, et que ce dans quoi s'expose ce qui est un lien vivant et une unité intérieure n'a plus, en tant que moyen, pour son but, la moindre convenance, qu'ainsi ce moyen n'a ni sens ni vérité — car la vérité du moyen est en ceci qu'il est adéquat au but —, et, du fait de cette non-vérité intime du tout, | il résulte alors aussi que, dans la science de la philosophie en général, dans la vie éthique, de même dans la religion, il ne peut plus guère y avoir de vrai, — immédiatement avec cela se détermine et se fixe la dissolution et elle se pose dans un système du négatif, se donne par conséquent l'apparence formelle, et d'une connaissance et, de même, de lois, dont l'essence intérieure est le néant ; si la connaissance et la science d'un tel peuple s'expriment [en disant] que la raison ne connaît et ne sait rien, et n'est que dans la liberté vide — en tant qu'elle est une fuite —, dans le néant et dans l'apparence de celui-ci, le contenu et l'essence de la législation négative sont qu'il n'y a aucune loi, aucune unité, aucun tout ; la première non-vérité, dont il a été question d'abord, est ainsi celle qui l'est inconsciemment et naïvement, mais la seconde non-vérité, dont il vient d'être question, est celle qui s'arroge la forme et, par là, se fixe.

Ce n'est donc pas la philosophie qui prend le particulier, parce qu'il est un particulier, pour un positif ; mais [elle le prend pour tel] dans la seule mesure où il a, hors de la connexion absolue [27] du tout, en tant qu'une partie propre, conquis une subsistance-par-soi. L'absolue totalité se donne un arrêt, comme nécessité, dans chacune de ses puissances [28], s'y produit comme totalité, répète ici même les puissances précédentes aussi bien qu'elle anticipe les suivantes, mais l'une des puissances est la force la plus grande, dans la couleur et la déterminité de laquelle la totalité apparaît, sans toutefois être pour la vie quelque chose qui limite, pas plus que l'eau ne l'est pour le poisson, l'air pour l'oiseau. Il est en même temps nécessaire que l'individualité|progresse, se métamorphose, et que ce qui appartient à la puissance s'affaiblisse et se meure, afin que tous les degrés de la nécessité apparaissent en elle comme tels ; mais le malheur de la période du passage, [à savoir] que ce processus par lequel la formation nouvelle devient plus forte [29] ne s'est pas absolument purifié du passé, est ce en quoi réside le positif. Et la nature, bien qu'elle progresse, à l'intérieur d'une figure déterminée, avec un mouvement égal, toutefois non mécaniquement uniforme, mais uniformément accéléré, jouit toutefois aussi d'une figure nouvelle qu'elle a conquise ; comme elle bondit en celle-ci, elle séjourne en elle. De même que la bombe, à sa culmination, fait une secousse et ensuite repose en celle-là un moment, ou de même que le métal chauffé ne se ramollit pas comme de la cire, mais d'un seul coup bondit en la coulée et y séjourne — car le phénomène est le passage dans l'absolument-opposé, donc [il est] infini, et cette émergence de l'opposé à partir de et hors de l'infinité, ou du néant de lui-même, est un bond [30], et l'être-là de la figure en sa force nouvellement née est d'abord pour soi-même, avant qu'elle ne devienne consciente de son rapport à un [être] étranger —, de même aussi l'individualité en sa croissance a aussi bien la nature joyeuse de ce bond-là qu'une durée de la jouissance de sa nouvelle forme, jusqu'à ce que, peu à peu, elle s'ouvre au négatif, et soit aussi dans la disparition d'elle-même tout d'un coup et sur le mode de la rupture [31].

---

27. O : « absolutem » ; il faut lire, bien sûr : « absoluten » (cf. W, L, B-P).
28. O (cf. W, B-P) : « in jeder ihrer Potenz » ; L : « in jeder ihrer Potenzen ».
29. « dieses Erstarken der neuen Bildung ».
30. « ein Sprung ».
31. « und auch in ihrem Untergange auf einmal und brechend ist ».

Si alors la philosophie de la vie éthique enseigne à concevoir cette nécessité et à connaître la connexion de son contenu ainsi que la déterminité de celui-ci comme absolument | liées avec l'esprit et comme son corps vivant, et si elle s'oppose au formalisme, qui regarde ce qu'il peut subsumer sous le concept de la particularité, comme contingent et comme mort, la philosophie de la vie éthique reconnaît en même temps que cette vitalité de l'individualité en général, quelle que soit sa figure, est une vitalité liée à une forme [32] ; car l'être-borné de ce qui appartient à la nécessité, bien qu'il soit accueilli absolument dans l'indifférence, est seulement une partie de la nécessité, non la nécessité totale absolue elle-même, donc toujours une non-concordance de l'esprit absolu et de sa figure. Mais, pour cette figure absolue, elle [33] ne peut pas se réfugier dans l'absence-de-figure du cosmopolitisme, ni dans la vacuité des droits de l'humanité et l'égale vacuité d'un État international et de la république mondiale, en tant que ces abstractions et que ces entités formelles [34] contiennent le contraire direct de la vitalité éthique et, suivant leur essence, sont, à l'égard de l'individualité, protestantes et révolutionnaires [35] ; mais elle doit nécessairement, pour l'Idée élevée de la vie éthique absolue, connaître aussi la plus belle figure ; et, puisque l'Idée absolue est, en soi-même, intuition absolue, avec sa construction est immédiatement déterminée aussi la plus pure et la plus libre individualité, dans laquelle l'esprit s'intuitionne lui-même d'une façon pleinement objective dans sa figure, et, absolument, sans retour à soi à partir de l'intuition, mais immédiatement, connaît l'intuition même comme lui-même, et, précisément par là, est esprit absolu et vie éthique accomplie ; et cette vie éthique accomplie se défend en même temps, suivant la manière représentée plus haut [36], contre son intrication avec le négatif — car ce que nous avons nommé, jusqu'à présent, positif, est, comme | cela est ressorti de la chose elle-même, considéré en soi, le négatif —, s'oppose ce négatif comme objectif et [comme] destin, et, en lui accordant consciemment une puissance et un empire par le sacrifice d'une partie d'elle-même, conserve sa propre vie, purifiée de lui.

32. « eine formale Lebendigkeit ».
33. C'est-à-dire la philosophie de la vie éthique.
34. « Formalitäten ».
35. « protestantisch und revolutionär ».
36. Cf. ci-dessus, pp. 69 sqq.

TABLE DES MATIÈRES

EXTRAIT DU CATALOGUE DES ÉDITIONS VRIN

ANSELME, *Sur l'existence de Dieu* (Proslogion)
Introduction, texte latin, traduction et notes A. Koyré
Le *Proslogion* de saint Anselme de Cantorbéry – l'œuvre la plus célèbre d'un des premiers et plus grands philosophes du Moyen Âge – a joué dans l'histoire de la philosophie médiévale et moderne un rôle de tout premier plan. Il contient, en effet, ce fameux argument dit ontologique qui sema la division et la discorde parmi les philosophes et les théologiens.

ARISTOTE, *De l'âme*
Traduction et notes J. Tricot
Dans ce traité, Aristote prolonge ses réflexions sur la science de la nature et pose les fondements de la psychologie classique.

ARISTOTE, *Éthique à Nicomaque*
Traduction et notes J. Tricot
À partir des notions de courage, de justice, de plaisir et d'amitié, ce grand texte de la morale aristotélicienne définit une sagesse à mesure humaine.

ARISTOTE, *Éthique à Eudème*
Introduction, traduction et notes V. Decarie
Dans ce petit traité d'éthique dédié à son disciple Eudème de Chypre, Aristote enquête sur la vertu, l'amitié et les conditions du bonheur.

ARISTOTE, *Métaphysique*
Traduction et notes J. Tricot
Œuvre capitale d'Aristote, la *Métaphysique* constitue le couronnement de tout le système. Elle est présentée ici en deux volumes dans une traduction de référence annotée.

   Tome 1. *Livres A-Z*
   Tome 2. *Livres H-N*

ARISTOTE, *La Politique*
Introduction, traduction et notes J. Tricot
Si l'homme est par nature un animal politique, il importe de s'interroger sur le sens et l'application de notions telles que la justice, le pouvoir, la démocratie, et de résoudre la difficile question du vivre ensemble. La *Politique* d'Aristote reste à ce titre d'une saisissante actualité.

ARISTOTE, *La Physique*
Introduction, traduction et notes L. Couloubaritsis et A. Stevens
Alors que les penseurs grecs envisageaient encore la nature au travers du mythe, Aristote élabore une science rigoureuse qui est à l'origine de la physique moderne.

ARISTOTE, *La Physique*
Introduction, traduction nouvelle par A. Stevens
Cette traduction est plus tournée vers la physique, la nature au travers du mythe, Aristote élabore une science rigoureuse qui est à l'origine de la physique moderne.

ARISTOTE, *Sur la Nature*. *Physique II*
Introduction, traduction et notes L. Couloubaritsis
Une édition commentée du livre II de la *Physique*, dans lequel Aristote propose une célèbre définition de la nature.

ARISTOTE, *Les Économiques*
Traduction et notes J. Tricot
Où l'on trouve une réflexion sur l'économie dans ses rapports au politique, Aristote montrant que celle-ci relève du gouvernement et de la cité, tandis que celle-là n'est que domestique.

ARISTOTE, *Traité du ciel*, suivi du *Traité pseudo-aristotélicien Du Monde*
Traduction et notes J. Tricot
Complément de la *Physique* et résumé populaire des doctrines du *De Coelo* et des *Météorologiques*, ce texte révèle une parenté avec les thèses théologiques du stoïcisme.

ARISTOTE, *De la Génération et de la Corruption*
Traduction et notes J. Tricot
Le Stagirite étudie ici la génération, la corruption, et les autres changements auxquels sont soumis les corps sublunaires.

ARISTOTE, *Organon – La logique*
Traduction et notes J. Tricot
La logique formelle, qui traite de la forme des raisonnements indépendamment de leur contenu ou des objets sur lesquels ils portent, a pour vocation de servir d'instrument à la science. Analyse du langage, investigation des sens de l'être, démonstration syllogistique et argumentation dialectique conduisent Aristote à la réfutation scientifique du discours des Sophistes.

I-II. *Catégories. De l'Interprétation*

III. *Premiers Analytiques*

IV. *Seconds Analytiques*

V. *Topiques*

VI. *Réfutations sophistiques*

AUSTIN, *Le langage de la perception*
Préface G.-J. Warnock, introduction B. Ambroise et S. Laugier, traduction et notes P. Gochet
Partant d'une polémique autour du *sense-datum*, Austin cherche à définir et à délimiter les conditions d'utilisation du langage comme médiateur dans notre perception des choses, sans pour autant en devenir l'interprétant.

BACHELARD, *La formation de l'esprit scientifique*

En retraçant le destin de la pensée scientifique abstraite, Bachelard entend apporter dans cet ouvrage magistral une «contribution à une psychanalyse de la connaissance».

BACHELARD, *Études*

Préface G. Canguilhem

Dans ces *Études*, composées entre 1931 et 1934, Bachelard souligne certains traits distinctifs de la science, préparant ainsi la rédaction de son livre novateur, *Le nouvel esprit scientifique*.

BACHELARD, *La valeur inductive de la relativité*

Préface D. Parrochia

Réimpression de cette première édition de 1929, dans laquelle est contenu en germe nombre de thèmes ultrieurement développés par Bachelard, avec une introduction historico-critique.

BERKELEY, *De l'obéissance passive*

Traduction D. Deleule

Le *Discours* traite de l'attitude des citoyens vis-à-vis de l'autorité : la notion d'obéissance passive, destinée à concilier les exigences de la conscience morale et les ordres du pouvoir civil, connaît encore des retentissements dans la société actuelle.

BONAVENTURE, *Itinéraire de l'esprit vers Dieu*

Introduction, texte latin et traduction H. Duméry. Annexes de R. Imbach

La doctrine de saint Bonaventure (1221-1274) se présente comme un pèlerinage vers Dieu : le monde sensible est la route qui nous y conduit, et les êtres qui la bordent sont autant de signes qui demandent à être déchiffrés.

BONAVENTURE, *Le Christ maître*

Introduction, texte latin et traduction G. Madec

Avec une majestueuse simplicité, Bonaventure s'exerce à l'art médiéval de la prédication sur le thème évangélique du magistère du Christ.

BOVELLES, *Le livre du sage*

Édition et traduction P. Magnard

Pour Bovelles, le sage n'est pas un être d'exception, mais l'homme accompli. Ainsi le *Livre du sage* peut-il être entendu comme le «livre de l'homme» et considéré comme l'instrument pédagogique qui doit servir de guide spirituel pour l'accomplissement de l'homme cultivé et sage, la sagesse se définissant pour Bovelles comme point culminant de l'humanité.

BOVELLES, *Le livre du néant*

Edition et traduction P. Magnard

Un éloge du rien, pourquoi pas? Rien, c'est le nom qui ne donne ni n'ôte quoi que ce soit, appellation de nulle imputation, de nulle attribution, qui laisse être ou ne pas être ce qu'elle dénomme, sans le moindre parti pris ni la moindre mise en cause.

BURKE, *Recherche philosophique sur l'origine de nos idées du sublime et du beau*
Présentation et traduction B. Saint Girons
La question du beau et du sublime n'apparaît qu'au XVIIIᵉ siècle avec Burke, le sublime cessant d'être conçu comme le simple superlatif du beau. alors que le beau semble subsister par lui-même, le sublime ne cesse de poser la question du destinataire car sa vocation est de «nous enflammer d'un feu qui brûle déjà dans un autre».

CANGUILHEM, *La connaissance de la vie*
L'épistémologue Georges Canguilhem s'interroge sur l'étonnante relation des vivants avec leur milieu, et sur l'originalité de cette présence au monde qu'on nomme la vie, alors même qu'«on n'interroge plus la vie aujourd'hui dans les laboratoires».

CANGUILHEM, *Idéologie et rationalité dans l'histoire des sciences de la vie. Nouvelles études d'histoire et de philosophie des sciences*
Faisant suite à *La connaissance de la vie*, Canguilhem approfondit et développe ici les thèses qu'il défend autant que celles qu'il combat. Critiquant le mécanisme, il prend ainsi parti pour une conception vitaliste de la biologie, soutenant qu'un organisme biologique ne peut être appréhendé en dehors du milieu dans lequel il évolue.

CAVAILLÈS, *Sur la logique et la théorie de la science*
Préface G. Bachelard, postface J. Sebestik
C'est en prison que le résistant-philosophe Cavaillès composa ce dernier ouvrage. Il y dessine les lignes directrices de sa pensée en la confrontant à quatre grands théoriciens de la science : Kant, Bolzano, Carnap et Husserl.

A. COMTE, *Discours sur l'esprit positif*
Introduction et notes A. Petit
En exposant ses théories sous une forme synthétique destinée à un public plus large, Comte a voulu présenter dans ce *Discours* un véritable «manifeste» du positivisme.

CONDILLAC, *Traité des animaux*
Présentation et notes M. Malherbe
Dans son *Traité des animaux* (1755), Condillac apporte de nouveaux éléments à la polémique sur l'âme des bêtes qui opposa les philosophes du XVIIIᵉ siècle.

DESCARTES, *Œuvres complètes*
Édition, introduction et notes révisées sous la direction de Ch. Adam et P. Tannery.
La présente édition comporte la *Correspondance* (t. I-V), suivie des *Œuvres*, opuscules et fragments (t. VI-XI). La lecture de ces volumes offre tous les avantages d'une édition savante sans que l'aspect général du texte ne perde rien de sa beauté et de son originalité.

DESCARTES, *Discours de la méthode*
Introduction et notes Ét. Gilson
Manifeste de la philosophie cartésienne, le *Discours de la Méthode* (1637) est autant une autobiographie intellectuelle qu'un projet de science universelle.

DESCARTES, *Principes de la philosophie*, première partie et sélection d'articles des parties 2, 3 et 4 et *Lettre-Préface*
Texte latin, trad. Picot, et traduction nouvelle D. Moreau, introduction et notes X. Kieft
Cette nouvelle édition des *Principes* donne enfin accès au lecteur français au texte latin de Descartes (1644), au texte français de l'abbé Picot (1647) et à une nouvelle traduction qui suit de près l'original et constitue ainsi un précieux outil de travail.

DESCARTES, *Principes de la philosophie*, première partie
Texte de l'abbé Picot, introduction et notes G. Durandin
Mathématicien et métaphysicien, fondateur de la science moderne, Descartes traite dans ce texte de la connaissance humaine. Cette édition est suivie d'un texte critique de Leibniz, *Remarques sur la partie générale des Principes de Descartes*.

DESCARTES, *Règles pour la direction de l'esprit*
Traduction et notes par J. Sirven
Ce premier essai de méthode composé par Descartes est ici présenté dans sa traduction de référence.

DESCARTES, *Les passions de l'âme*
Introduction et notes G. Rodis-Lewis, Avant-propos par Denis Kambouchner
Dernier ouvrage publié par Descartes, le traité des *Passions de l'âme* est le fruit de toute sa philosophie. Il s'oriente vers une médecine concrète des affections psycho-physiologiques et aboutit à un hymne à la joie que nous procure la sagesse.

DESCARTES, *La morale*
Textes choisis et présenté par N. Grimaldi
Afin d'en faciliter l'étude, ce volume rassemble selon un ordre thématique tous les textes où Descartes a exposé, en telle occurrence ou telle autre, sa morale.

DESTUTT DE TRACY, *De l'amour*
Préface J. Tulard. Introduction, édition et notes Cl. Jolly
Alors que l'on croyait cet ouvrage perdu, nous le retrouvons aujourd'hui dans sa version originale en langue française. On y découvre que l'auteur se positionne en chef de file d'une morale laïque prônée par les principes des Lumières, cherchant à faire coïncider amour et mariage, sentiment et raison.

DUHEM, *La théorie physique, son objet, sa structure*
Avant-propos, index et bibliographie P. Brouzeng
Controversé lors de sa publication mais aujourd'hui reconnu, l'ouvrage défend l'idée que toute théorie scientifique doit être définie par rapport à son propre domaine d'application.

DUHEM, *Sauver les apparences. Sur la notion de Théorie physique de Platon à Galilée*
Introduction P. Brouzeng
Parcourant l'histoire des théories scientifiques de l'Antiquité à la Renaissance, les réflexions épistémologiques de Duhem enrichissent un débat sur l'objet de la physique et la valeur des méthodes utilisées pour avancer dans la connaissance.

JEAN DUNS SCOT, *Signification et vérité. Questions sur le* **Peri hermeneias** *d'Aristote*
Texte latin, introduction, traduction et notes G. Sondag
Sans doute une œuvre de jeunesse, ces *Questions* sont, plutôt qu'un commentaire sur le traité aristotélicien, une investigation portant sur divers problèmes de sémantique dont le motif central est la question des rapports entre signification et vérité. Cet ouvrage peut être regardé comme une introduction à la philosophie de Duns Scot.

FICHTE, *Conférences sur la destination du savant* (1794)
Préface A. Philonenko, introduction, traduction et commentaire J.-L. Vieillard-Baron
Dans ces conférences lucides et audacieuses, dont le propos reste d'une saisissante actualité, Fichte s'interroge sur la place du savant dans la société moderne.

FICHTE, *Initiation à la vie bienheureuse ou encore la doctrine de la religion*
introduction, traduction et notes sous la direction de P. Cerutti
L'*Initiation à la vie bienheureuse* présente la doctrine de la religion de J.G. Fichte. S'adressant à un grand public, ce cylce de conférences tenues à Berlin en 1806 et puliées la même année, n'est pas un traité théologique, mais il expose les principes d'une docrtrine de la vie et de la béatitude qui constitue l'application pratique et religieuse de la doctrine de la science.

FICIN, *Lettres*
Édition et traduction d'un choix de lettres par S. Galland et J. Reynaud
Dans ces lettres, extraites de son *Epistolarium*, Ficin donne à voir combien l'Humanisme dépasse le cadre de la redécouverte de l'Antiquité pour renouer avec un authentique "art de vie", témoignant ainsi de son goût pour une philosophie pratique, où l'art du conseil tient la première place.

FOUCAULT, *L'origine de l'herméneutique de soi. Conférences prononcées à Darmouth College (1980)*
Edition H.-P. Fruchaud et D. Lorenzini, intro. et apparat critique L. Cremonesi, A.I. Davidson, O. Irrera, D. Lorenzini et M. Tazziolo
Cette édition présente les traductions des conférences inédites de Dartmouth College, *Truth and subjectivity* et *Christianity and Confession*, avec les variantes de la version prononcée par Foucault à l'Université de Californie à Berkeley.

JEAN GERSON, *Sur la théologie mystique*
Texte latin, introduction, traduction et notes M. Vial
Dans son *Traité spéculatif de théologie mystique*, Jean Gerson poursuit deux objectifs : fournir une théorie de la connaissance mystique de Dieu et acclimater cette doctrine en milieu universitaire. Ce texte vise ainsi à élaborer une réflexion théorique sur les conditions essentiellement psychologiques de l'union extatique avec Dieu.

GUILLAUME D'OCKHAM, *Intuition et abstraction*
Texte latin, introduction, traduction et notes D. Piché
Philosophe et théologien, Guillaume d'Ockham a développé une théorie de la connaissance forte et originale, opérant une distinction capitale entre intuition et abstraction. Le présent ouvrage offre la toute première traduction française des textes dans lesquels le *Venerabilis Inceptor* expose cette pensée.

GUILLAUME D'OCKHAM, *Traité sur la prédestination*
Texte latin, introduction, traduction et notes C. Michon
Dans ce traité Ockham s'interroge sur le rapport entre Dieu et le contingent. Il propose une réponse originale : l'idée d'une compatibilité de la science divine du futur avec la liberté de chaque homme, en opérant une distinction entre deux sortes de passés, qui s'étend aux rapports entre grâce et liberté, entre élection divine et mérite.

HEGEL, *Concept préliminaire de l'Encyclopédie des sciences philosophiques*
Texte allemand, introduction, traduction et notes B. Bourgeois
À travers une critique alerte des grands courants philosophiques, Hegel conduit librement son lecteur vers la décision spéculative.

HEGEL, *Des manières de traiter scientifiquement du droit naturel*
Traduction et notes B. Bourgeois
Cet opuscule expose la réflexion théologico-politique du jeune Hegel et institue les axes fondamentaux que développera le Système.

HEGEL, *L'esprit du christianisme et son destin. L'esprit du judaïsme*
Introduction, traduction et notes O. Depré
Dans ces textes qui présentent la confrontation de l'esprit du peuple juif à son destin et analysent les origines du christianisme, Hegel esquisse pour la première fois sa philosophie de l'histoire.

HEGEL, *Précis de l'Encyclopédie des sciences philosophiques en abrégé*
Introduction, traduction et notes B. Bourgeois
Ce texte, allégé des *Anmerkungen*, essentiel, est enfin accessible au public étudiant.

HEGEL, *Phénoménologie de l'esprit – Préface et introduction*
Texte allemand, traduction et commentaire, précédé de *Sens et intention de la Phénoménologie de l'esprit* par B. Bourgeois
La « Préface » et l'« Introduction » constituent en leur unité le grand manifeste hégélien, à la fois le « Discours de la méthode » et le « Discours de métaphysique » des temps nouveaux.

HEGEL, *La vie de Jésus*, précédé de *Dissertations et fragments de l'époque de Stuttgart et de Tübingen*
Introduction, traduction et notes A. Simhon, T. Barazon et R. Legros
« La raison pure, qui ne saurait être bornée, est la divinité elle-même ». Ainsi commence la *Vie de Jésus* que Hegel composa en 1795. Cet opuscule, marqué par la morale kantienne, est un moment essentiel dans le parcours du jeune Hegel qui apparaît tiraillé entre des exigences contraires, ce dont témoignent les autres documents traduits dans ce volume.

HENRI DE GAND, *Sur la possibilité de la connaissance humaine*
Choix de textes latins introduits, trad. et annotés par D. Demange
La somme des questions ordinaires, dont le présent volume offre le Prologue et les trois questions initiales s'ouvre sur un vaste traité d'épistémologie.

HOBBES, *De la nature humaine*
Traduction baron d'Holbach, introduction É. Naert
Traduit en 1772, ce traité de Hobbes sur les passions de l'âme exprime une interprétation sensualiste de la connaissance, conséquence de son mécanisme universel.

HUME, *Essais sur l'art et le goût*
Texte anglais, introduction, traduction et notes M. Malherbe
Ces essais publiés ici, tirés des "Essais moraux, politiques et littéraires" en font d'excellentes introductions aux questions générales de l'art et du goût ou encore du style, de l'éloquence ou de la tragédie.

HUME, *Dialogues sur la religion naturelle*
Texte anglais, traduction et commentaire M. Malherbe
Dans ces *Dialogues*, Hume met en scène le débat de Cléanthe, partisan du théisme expérimental, de Déméa, représentant du dogmatisme, et du sceptique Philon, sur la religion naturelle confrontée aux limites de la raison.

HUME, *Enquête sur l'entendement humain*
Texte anglais, introduction, traduction et notes par M. Malherbe
Dès la parution du *Traité de la nature humaine*, Hume avait été accusé de scepticisme. À cela, l'*Enquête* répond d'une triple façon : sur le mode discret d'une incontestable autocensure ; sur le mode positif d'une science sceptique et positive de la nature humaine ; enfin, par la définition d'une règle de bonne conduite : le scepticisme-mitigé.

HUME, *Histoire naturelle de la religion*
Introduction, traduction et notes M. Malherbe
Hume pose une distinction radicale entre deux formes de religion : la religion rationnelle, capable de satisfaire à la question du fondement, et les religions populaires (polythéistes ou théistes) dont seule peut rendre compte une histoire naturelle.

HUSSERL, *Méditations cartésiennes. Introduction à la phénoménologie*
Traduction E. Levinas et G. Peiffer
Les *Méditations cartésiennes* de Husserl représentent un des textes fondateurs de la nouvelle phénoménologie que Levinas s'employa à faire connaître en France par le biais de la présente traduction.

KANT, *Abrégé de philosophie ou Leçons sur l'Encyclopédie philosophique*
Texte allemand, introduction, traduction et notes A. Pelletier
Comment introduire à la philosophie ? Ou comment donner au débutant une idée d'ensemble et une sorte de carte de la philosophie ? Cette question fit l'objet d'un cours que Kant professa une dizaine de fois, précédant la parution de la *Critique de la raison pure*. Ce cours devait explicitement constituer un *abrégé* de philosophie à l'usage des étudiants, Kant y enseignant à philosopher par son exemple même.

KANT, *Anthropologie du point de vue pragmatique*
Introduction et traduction M. Foucault
L'*Anthropologie* kantienne se penche sur les facultés de l'homme, ses désirs, les différents tempéraments, la physiognomonie. Sensible à l'importance de ce texte pour l'avènement des sciences humaines, Michel Foucault en propose ici la traduction.

KANT, *Critique de la faculté de juger*
Introduction et traduction A. Philonenko
La *Troisième Critique* (1790) est une référence majeure de la philosophie de l'esthétique : Kant y analyse les fondements du goût ainsi que l'expérience du beau et du sublime.

KANT, *Dissertation de 1770*
Texte allemand, introduction, traduction et notes A. Pelletier
Cette dissertation apparaît comme un premier point de convergence entre différentes lignes de pensée, comme la possibilité d'une nouvelle méthode de la métaphysique.

KANT, *Essai pour introduire en philosophie le concept de grandeur négative*
Introduction G. Canguilhem, traduction et notes R. Kempf
À la lumière de Newton, Kant applique aux objets de la philosophie le concept mathématique de grandeur négative, signifiant ainsi aux fondateurs d'une « ontologie » que les concepts les plus subtils n'abolissent ou n'engendrent jamais un existant.

KANT, *Fondements de la métaphysique des mœurs*
Traduction V. Delbos, introduction et notes A. Philonenko
Publiés en 1785, les *Fondements* inaugurent une philosophie de la liberté : Kant y affirme la nécessité d'une morale universelle dont il détermine le principe suprême en formulant l'« impératif catégorique ».

KANT, *La religion dans les limites de la simple raison*
Traduction J. Gibelin, introduction et notes M. Naar
Ce texte précise les intentions en matière de théologie de la *Critique de la raison pure* : une théologie philosophique qui a pour vocation d'analyser les problèmes posés par la religion, tout en restant « dans les limites de la simple raison ».

KANT, *Le conflit des facultés*
Traduction J. Gibelin
Espérant réformer l'enseignement universitaire soumis à la censure de l'État, le philosophe se trouve aux prises avec le théologien, le juriste et le médecin, et doit prendre parti dans le conflit entre l'autonomie intellectuelle et l'autorité.

KANT, *Les progrès de la métaphysique en Allemagne depuis le temps de Leibniz et de Wolff*
Traduction et notes L. Guillermit
Ce texte donne à Kant l'occasion d'effectuer une mise au point de sa philosophie critique avec la philosophie dogmatique que continuaient à défendre les sectateurs de Wolff.

KANT, *Logique*

Traduction et notes L. Guillermit

De la logique, Kant estimait qu'elle devait être imposée « au commencement de l'enseignement académique de toute philosophie, [pour] passer du pays du préjugé et de l'erreur au domaine de la raison éclairée des sciences ».

KANT, *Métaphysique des mœurs*

Traduction et notes A. Philonenko

Première partie : *Doctrine du droit*

Préface par M. Villey

Cet ouvrage, représentatif d'une certaine forme de théorie du droit, marque une étape décisive dans l'histoire de la science juridique.

Deuxième partie : *Doctrine de la vertu*

Ce second volume établit le lien entre les principes moraux et l'expérience, définissant les conditions *a priori* et pratiques de la synthèse de la liberté et du devoir.

KANT, *Observations sur le sentiment du beau et du sublime*

Introduction, traduction et notes R. Kempf

« À la manière d'un observateur plutôt que d'un philosophe », Kant propose une distinction psychologique du beau et du sublime : inspiré par Rousseau, en qui il reconnaît le Newton du monde moral, il admet que les règles morales ne sont pas seulement des conclusions de la raison, mais de véritables affections de l'âme.

KANT, *Première introduction à la* Critique de la faculté de juger *et autres textes*

Traduction et notes L. Guillermit

Outre la *Première Introduction* à la Critique de la faculté de juger, ce volume comprend : *D'un ton grand seigneur adopté naguère en philosophie* et l'*Annonce de la proche conclusion d'un traité de paix perpétuelle en philosophie*.

KANT, *Premiers principes métaphysiques de la science de la nature*

Traduction J. Gibelin

Produit de forces antagonistes primitives, la matière est conçue comme mouvement : Kant en développe une conception dynamique dans une philosophie de la nature qui le ramène aux thèses principales du criticisme.

KANT, *Projet de paix perpétuelle*

Texte allemand et traduction J. Gibelin

Complément politique au système kantien, ce petit ouvrage se propose de rationaliser le projet utopique formulé par l'abbé de Saint-Pierre : en définissant les conditions pour une société de nations fondée sur le droit, Kant espère parvenir à éliminer les causes de guerre. Une ambition qui reste à l'ordre du jour.

KANT, *Prolégomènes à toute métaphysique future qui pourra se présenter comme science*

Traduction et index L. Guillermit

Entre les deux éditions de la *Critique de la raison pure*, Kant publia les *Prolégomènes* (1783), destinés à exposer avec plus de clarté des idées neuves et difficiles et à mieux faire ressortir l'architecture de son œuvre.

KANT, *Réflexions sur l'éducation*
Introduction, traduction et notes A. Philonenko
Lui-même précepteur puis professeur de philosophie, Kant sut unir les leçons de
l'expérience et les projets de la raison pour aborder la question de l'enseignement,
qui inspirera toute sa philosophie morale et politique.

KANT, *Rêves d'un visionnaire*
Traduction et présentation F. Courtès
Contre l'illuminisme du théosophe Swedenborg, Kant rappelle que la métaphysique
est avant tout une science des limites de l'entendement humain.

KANT, *Théorie et pratique. Sur un prétendu droit de mentir par humanité*
Traduction et notes L. Guillermit
La réfutation de l'adage : « il se peut que cela soit juste en théorie, mais en pratique
cela ne vaut rien », puis l'examen du problème posé par B. Constant : « est-il permis
de mentir afin de sauver la vie d'un ami ? », sont l'occasion pour Kant de réfléchir
de façon concrète aux problèmes de la raison pratique.

LEIBNIZ, *Discours de métaphysique*
Édition Lestienne, introduction A. Robinet
Le *Discours de Métaphysique* (1686) présente un abrégé parfait du système
leibnizien. L'édition de référence qui en est ici proposée est introduite par A. Robinet.

LEIBNIZ, *Le droit de la raison*
Édition et présentation R. Sève
Juriste de profession, Leibniz a exposé sa pensée juridique et politique dans plusieurs
textes épars, lesquels sont ici rassemblés et précédés d'une introduction générale.

LEIBNIZ, *Opuscules philosophiques choisis*
Méditations sur la Connaissance, la Vérité et les Idées (1684), *Remarques sur la
Partie générale des Principes de Descartes* (1692), *De la Réforme de la Philosophie
première et de la notion de Substance* (1694), *De la Production originelle des
choses prise à sa racine* (1697), *De la nature en elle-même, ou de la force inhérente
aux choses créées et de leurs actions* (1698), *La Cause de Dieu* (1710)
Texte latin et traduction P. Schrecker
À travers les textes présentés, la critique de la physique et de la métaphysique de
Descartes conduit Leibniz à édifier une philosophie qui, sans renoncer aux acquis
du cartésianisme, se propose d'en dépasser les insuffisances.

E. LEVINAS, *De l'existence à l'existant*
Dans ces recherches consacrées au problème du Bien, au Temps et à la relation
avec Autrui comme mouvement vers le Bien, Levinas prend pour guide la formule
platonicienne plaçant le Bien au-delà de l'être.

E. LEVINAS, *De Dieu qui vient à l'idée*
Cet essai s'efforce d'entendre le mot de Dieu comme un mot signifiant : décrivant
les circonstances phénoménologiques de cette signification, Levinas rencontre le
visage humain, qui signifie au sens de signifier un ordre ou ordonner.

E. LEVINAS, *En découvrant l'existence avec Husserl et Heidegger*
Nouvelle édition suivie des *Essais nouveaux*
Emmanuel Levinas évoque sa première rencontre avec la phénoménologie et fournit les clés d'une réflexion retournant fréquemment à l'œuvre husserlienne pour y chercher des inspirations.

LA BOÉTIE, *Discours de la servitude volontaire*
Texte avec variantes, notes et postface A. Tournon, présentation T. Dagron
Ce Discourss traite d'une énigme, celle d'une soumission active au tyran, qui fait obstacle à la capacité de penser et étouffe tout désir d'émancipation et qui est pourtant «ce qui se fait en tout pays, par tous les hommes, tous les jours».

LOCKE, *Examen de la vision en Dieu de Malebranche*
Introduction, traduction et notes J.-M. Vienne, postface J.-Ch. Bardout
Locke rédige plusieurs notes sur la philosophie de Malebranche, critiques qui n'ont pas eu le succès de celles d'Arnauld, mais que Locke traite dans un débat plus large : comment accroître notre savoir limité ?

LOCKE, *Quelques pensées sur l'éducation*
Introduction M. Malherbe, traduction G. Compayré
Dans cet ouvrage pédagogique, Locke défend l'idée que l'éducation concerne autant le gentleman que le citoyen et la nation.

LOCKE, *De la conduite de l'entendement*
Introduction, traduction et notes Y. Michaud
Le présent ouvrage est un texte latéral à l'Essai qui aborde les thèmes majeurs qui ont occupé Locke, tels que la théorie de la méthode, l'art de penser et la logique, et offre ainsi une vision de la pensée en développement et en devenir du philosophe.

LOCKE, *Essai philosophique concernant l'entendement humain*
Introduction, traduction et notes J.-M. Vienne
Seule œuvre publiée de son vivant, l'*Essai* de Locke est aussi l'un des textes fondateurs de l'attitude critique en théorie de la connaissance. Même si l'ouvrage prétend établir des positions intemporelles, il demeure le fruit de son temps, manifestant l'engagement politique et le projet philosophique de son auteur. Traduit une première fois par Coste en 1700, il est ici proposé dans une version française modernisée.
    Livres I et II
    Livres III et IV, Annexes

MALEBRANCHE, *De la recherche de la vérité*
Édition sous la direction de J.-Ch. Bardout, d'après le texte des *Œuvres complètes*, en français modernisé
Ces trois volumes présentent l'un des écrits les plus fameux de Malebranche. L'auteur y développe en effet sa théorie de l'Ordre et des unions – de l'âme à Dieu, de l'âme au corps, et des hommes entre eux – laquelle nous révèle l'admirable ouvrage de Dieu, nous donnant ainsi accès à l'idée fondamentale de vérité.
    Volume I. *De la recherche de la vérité – Livres I-III*
    Volume II. *De la recherche de la vérité – Livres IV-VI*

Volume III. *De la recherche de la vérité – Éclaircissements, Réponse à Regis, Annexes*

MALEBRANCHE, *De l'imagination – De la recherche de la vérité. Livre II*
Introduction D. Kolesnik-Antoine

Auteur le plus critique à l'égard de l'imagination, on voit comment, dans ce volume, Malebranche fonde sa théorie de l'imagination sur une conception très personnelle du jeu de la machine corporelle, tiraillée entre physiologie et métaphysique.

M. MERLEAU-PONTY, *L'union de l'âme et du corps chez Malebranche, Biran et Bergson*
Notes de cours recueillies et rédigées par J. Deprun

Dans ces cours de 1947-1948, Merleau-Ponty médite sur l'insuffisance de l'idéalisme intellectualiste et sur la nécessité, pressentie par ces trois auteurs, d'un «primat de la perception» qu'il tentera de théoriser dans sa propre philosophie.

PARMÉNIDE, *Fragments-Poème*
Précédé de *Énoncer le verbe Être* par Magali Année

Le commentaire très original mené ici est résolument linguistique et laisse donc de côté toutes considérations métaphysiques, aussi bien purement ontologiques que logico-ontologiques.

PIERRE DE JEAN OLIVI, *La matière*
Texte latin, introduction, traduction et notes T. Suarez-Nani

Qu'est-ce que la matière ? Cette question fait l'objet d'un vif débat au Moyen Âge, dont Pierre de Jean Olivi a été l'un des protagonistes majeurs. Les textes traduits ici pour la première fois en langue française révèlent la force et la rigueur d'une conception qui fait de la matière non seulement l'assise universelle de toutes choses, mais aussi la condition de possibilité de l'ordre et de l'harmonie de l'univers et de la relation des êtres humains à Dieu.

QUINE, *Du point de vue logique. Neuf essais logico-philosophiques*
Traduction sous la dir. de S. Laugier

Du point de vue logique (1953) expose les principaux enjeux de la pensée de Quine, articulant logique et philosophie. Ce recueil contient notamment *De ce qui est*, dans lequel on a pu lire une nouvelle expression du nominalisme, et le célèbre article contre *Deux dogmes de l'empirisme*, qui récuse la distinction traditionnelle entre analytique et synthétique.

QUINE, *Logique élémentaire*
Traduction J. Largeault et B. Saint-Sernin

Cet ouvrage est à la fois un manuel de logique et une introduction à la pensée de Quine. L'auteur y explique les concepts formels fondamentaux et les symboles, il expose la méthode des tests de validité et des procédures de démonstration et propose une série d'exercices permettant une première initiation à la logique.

QUINE, *Les voies du paradoxe et autres essais*
Traduction sous la dir. de S. Bozon et S. Plaud
Dans ces essais, Quine brosse un tableau complet des thèmes qui ont traversé toute son œuvre: nature et limite de la connaissance, théorie de la signification, critique du conventionnalisme, résolution des paradoxes logiques et sémantiques; détermination de l'engagement ontologique des théories, analyse des problèmes logiques soulevés par les modalités et les attitudes propositionnelles, etc.

P. RICŒUR, *À l'école de la phénoménologie*
Se rattachant au double héritage de la phénoménologie husserlienne et de la philosophie de l'existence, Paul Ricœur esquisse son autobiographie scientifique, présente les principaux tournants méthodologiques de son œuvre et illustre la destinée de l'école phénoménologique en France.

ROUSSEAU, *Principes du droit de la guerre*
Texte établi et suivi de deux études par B. Bernardi et G. Silvestrini
La reconstitution des *Principes du droit de la guerre* de Rousseau, bien que le manuscrit soit inachevé, éclaire un pan mal connu de sa théorie des «corps politiques».

J.-P. SARTRE, *La transcendance de l'ego*
Introduction, notes et appendices S. Le Bon
La *Transcendance de l'Ego* inaugure le travail d'exploration qui aboutira à l'Être et le Néant: Sartre y décrit, dans une perspective husserlienne, le rapport du Moi avec la conscience et insiste sur la portée morale et politique de sa thèse.

SCHELLING, *Les âges du monde (1815)*
Introduction, traduction et notes P. Cerutti
Les *Âges du Monde*, projet qui restera inachevé, dans lequel est dépeint le passé comme temps de contraction première, le temps de l'Être originaire, principe de toute chose, et à partir duquel Schelling va penser les conditions de possibilité d'une science objective, qui s'appuie sur la dialectique, et donc sur l'hétérogénéité de l'être et du penser.

SCHOPENHAUER, *De la quadruple racine du principe de raison suffisante*
Présentation, traduction et notes F.-X. Chenet
Soucieux de clarifier la philosophie, Schopenhauer limite les prétentions métaphysiques du principe de raison et critique les philosophies pré-kantiennes qui n'ont pas su en distinguer les quatre modalités.

SCHOPENHAUER, *Le sens du destin – Spéculation transcendantale sur l'intentionnalité apparente dans le destin de l'individu. De l'Éthique*
Présentation, traduction et notes M.-J. Pernin-Segissement
Schopenhauer évoque dans cet ouvrage l'hypothèse d'un sens métaphysique de la vie, puis d'une interprétation morale du sens de l'existence. Si le premier essai défend un destin individuel, le second tend en revanche à nous enfermer dans le mal de tous.

SPINOZA, *Traité de la réforme de l'entendement*
Introduction, texte latin et traduction B. Rousset
Cet opuscule composé vers 1661 peut se lire comme une introduction méthodologique à l'œuvre de Spinoza : en nous indiquant « la meilleure voie à suivre pour parvenir à la vraie connaissance des choses », Spinoza ne cherche pas tant le savoir que le bonheur, la *vita beata*.

THOMAS D'AQUIN, *Textes sur la morale*
Traduction et commentaire Ét. Gilson, avec un guide de lecture par R. Imbach
Dans le magistral corpus légué par saint Thomas, le médiéviste Étienne Gilson a recueilli les textes qui montrent comment la morale thomiste, dans son effort d'intégrer au christianisme l'idéal hellénique de la vie humaine tel qu'il avait été exposé dans l'éthique aristotélicienne, réunit les représentants de la culture antique et les confesseurs de la foi nouvelle dans un véritable humanisme chrétien.

THOMAS D'AQUIN et BOÈCE DE DACIE, *Sur le bonheur*
Texte latin, introduction, traduction et notes R. Imbach et I. Fouche
L'homme peut-il atteindre le bonheur ? Le peut-il en cette vie ? Grâce à la philosophie ? La mise en perspective des textes de Boèce et Thomas d'Aquin invite le lecteur à s'interroger sur cette quête du bonheur intimement liée à la *contemplatio veritatis*.

WHITEHEAD, *Le concept de nature*
Traduction et préface J. Douchement
Le présent ouvrage est un traité de philosophie naturelle, présupposé de toute physique spéculative, en rupture avec les vues traditionnelles de la philosophie et de la science, marquant une étape décisive dans la réflexion sur le concept de nature.

WOLFF, *Discours préliminaire sur la philosophie en général*
Introduction et traduction sous la direction de Th. Arnaud, W. Feuerhahn, J.-F. Goubet et J.-M. Rohrbasser
Première traduction française, l'ouvrage de Wolff a eu un impact structurel sur la philosophie allemande. Le *Discours préliminaire*, donnant l'architecture et les principes fondateurs du système wolffien, illustre le double enjeu d'une philosophie comprise en un système encyclopédique et source de tout enseignement.

Cet ouvrage a été imprimé
en octobre 2014 par

FIRMIN-DIDOT

27650 Mesnil-sur-l'Estrée
N° d'impression : 124874
Dépôt légal : octobre 2014

Imprimé en France